つよい体をつくる離乳食と子どもごはん

食養研究家　薬膳料理家
山田奈美 著

主婦と生活社

離乳食の基本的な進め方

❶ 五倍粥（全粥） 大さじ1杯

離乳食を始めてから1～2日は、お米に慣れるために五倍粥（全粥）にします。小鍋にごく少量の白米と5倍の水を加えて弱火にかけ、十分に柔らかくなるまで炊き、大さじ1杯ぐらいを与えます。

❷ 舌でつぶせる柔らかいごはん＋スープ

その後は、お米に約2倍の水を加えて炊いた、舌でつぶせるぐらい柔らかいごはんにします。季節の野菜を細かく刻み、だし汁で柔らかく煮たスープや味噌を加える前の味噌汁の上澄みを一緒に。※だし汁の作り方は24～25ページを参照してください。

離乳食の進め方は赤ちゃんによってさまざま。赤ちゃんの様子をよく観察しながらそれぞれのペースで進めていきましょう。

❸ 柔らかいごはん＋スープ＋おかず

離乳食を始めて1～2ヵ月ぐらいしたら、柔らかいごはんと、ごく少々の塩で味付けした野菜のスープに、細かく切って蒸した野菜のおかずを添えましょう。野菜の皮がかたい場合はむきます。

❹ 柔らかいごはん＋味噌汁＋おかず（＋たんぱく質）

1歳すぎたら、小魚や豆腐などのたんぱく質もプラス。たとえば、しらすを加えて炊いたごはんに、薄味の味噌汁、小松菜のおひたし、かぼちゃとひじきの蒸し物などを。

にんじんは皮をむいて
小さく刻んで。
玉ねぎはみじん切りにし、
乾燥したままのわかめと一緒に。
じゃがいもは
細かい乱切りにして。
ほうれん草などの青菜は
細かく刻んで。

簡単おちょこごはん

野菜を切って、おちょこに入れて、だしを注いで、蒸すだけ！

野菜は子どもが食べやすいサイズに切って、おちょこのような小さな器に入れ、だし汁を注ぎ、10分ぐらい蒸せば、簡単にバランスのよい離乳食ができます。子どもの食べる様子を見て、皮をむかずに刻んだり、角切りのサイズも大きめにしたり、塩で味をつけたりと進めていきます。ごはんもお米と水をおちょこに入れて蒸せば、おかずと一緒にできてしまうので本当に手軽。この方法なら、一食分ずつ蒸すのも苦になりませんよ。

善玉菌を増やすごはん

善玉菌は炭水化物や食物繊維が大好き。
腸で善玉菌がいっぱい働ける環境をつくりましょう。

納豆れんこん団子

[材料]（親子3人分程度）
納豆1パック、れんこん100g程度、塩少々、油適量

[作り方]
❶ 納豆をボウルに入れ、すりおろしたれんこん、塩を加えてよく混ぜ合わせる。
❷ フライパンに油を入れて中火にかけ、①をスプーンで取って落とし、両面こんがり焼く。

かぶの白煮

[材料]（親子3人分程度）
かぶ2個、だし汁ひたひた程度、塩少々

[作り方]
❶ かぶは食べやすい大きさに切る（離乳食の初期なら皮はむいて小さめに切る）。かぶの葉はゆでてみじん切りにし、塩少々をふる。
❷ 鍋にかぶとひたひたのだし汁、塩少々を入れて中火にかけ、沸いたら弱火にしてかぶが柔らかくなるまでことこと煮込む。かぶの葉を散らす。

※「善玉菌を増やすごはん」は31ページでも紹介しています。

よだれを出すごはん

歯茎や舌でつぶしたり、
前歯で噛んだり、
あごをよく動かして食べるから、
よだれがたくさん出ます。

切り干し大根の塩煮

[材料]（親子3人分程度）
切り干し大根30g、にんじん3cm長さ程度、だし汁100mℓ、塩少々

[作り方]
❶ 切り干し大根は戻さずに乾燥したまま細かく刻む。にんじんはせん切りにする。
❷ 鍋に①とだし汁、塩を入れてふたをし、柔らかくなるまで蒸し煮にする。

カミカミ昆布きのこ

[材料]（親子3人分程度）
だしを取った後の昆布5cm角2枚、しめじ1/4袋、しょうゆ少々、ごま油適量、水大さじ1

[作り方]
❶ だしを取った後の昆布は長さ1～2cmのせん切りにする。しめじは石づきを取って5mmに刻む。
❷ フライパンにごま油を入れ、①を加えて弱めの中火で炒める。
❸ 油がまわったら水としょうゆを加えて、汁気がなくなるまで煮る。

※「よだれを出すごはん」は89ページでも紹介しています。

さつまいもとりんごの砂糖なしようかん

［材料］（親子3人分程度）
さつまいも200g、りんごジュース100ml、葛粉大さじ1、粉末寒天小さじ1、塩少々

［作り方］

❶ さつまいもは柔らかく蒸し、皮をむいてすりつぶす。皮は細かく刻む。

❷ 鍋にりんごジュース、塩、葛粉、寒天を入れてよく混ぜ合わせ、中火にかけてとろみが出るまで混ぜながら加熱する。

❸ つぶしたさつまいもに皮と②を加えて手早く混ぜ合わせ、バットなどに流し入れて冷やし固め、好きな大きさに切っていただく。

※「おやつ」は100ページでも紹介しています

雑穀と桜えびの里芋おやき

［材料］（親子3人分程度）
もちきび大さじ1、桜えび大さじ1、里芋1個、米粉1/2カップ、塩少々、ごま油適量

［作り方］

❶ ボウルにもちきび、桜えび、すりおろした里芋、米粉、塩を加えてよく混ぜ合わせる。

❷ フライパンにごま油を入れて弱めの中火にかけ、①を流し入れて両面じっくり焼く。好みの大きさに切り分ける。

おやつ

砂糖は使わなくても、素材の自然の甘さで十分。
簡単なので、ぜひおやつも手作りしてみてください。

自家製発酵食

味噌、甘酒、塩麹、梅干し、漬けものも自家製で
保存料や添加物の入っていない自然の味を。

大ちゃん梅干し

「毎年誕生日に1粒ずつ、100歳になるまで」と、息子の誕生日にいただく梅干し。いつまでも健康で暮らしてほしいとの思いを込めて。

味噌

蒸してつぶした大豆に米麹、天日塩を混ぜたものを甕《かめ》に詰めて1年間発酵させて作ります。玄米味噌、麦味噌、3年熟成味噌など数種類を混ぜて使っています。

※配合は味噌の種類で違います。

甘酒

おやつ作りはもちろん、料理の砂糖の代わりにも。もち米1合でお粥を炊き、60℃まで冷めたら米麹200gを加えて混ぜ、60℃で8〜10時間保温すれば完成です。

きゅうりのぬか漬け

米ぬかに塩と水を加えて熟成させたぬか床に野菜を漬けるだけで乳酸菌たっぷりの発酵食に。大ちゃん専用のぬか床もあり、気が向いたときだけお世話をします。

塩麹

うま味たっぷりで、魚や肉を漬けておくと、たんぱく質の消化を助けてくれます。米麹200gに塩60g、ひたひたの水を加えて1週間毎日よく混ぜれば完成。

はじめに

　息子の大地が生まれて数ヵ月、離乳食を始めるにあたって何冊もの本を読みました。近所の保健センターの離乳食教室にも参加しました。でも、私には何かしっくりこなかったのです。とにかく手間が多くて、何よりおいしそうに思えなかったからです。もっとシンプルに素材のおいしさを味わえるものがいいのでは。そう考えて、離乳食や子どもごはんを作ってきました。

　素材の味をそのまま伝えるシンプルな離乳食は、手間が少なく簡単です。そして大人が食べてもおいしく、赤ちゃんの健全な腸内環境や味覚を育てることができます。こうした考え方を教室でもお伝えしていますが、「離乳食は難しそう」「手間が多くて大変そう」と、不安でいっぱいのお母さんたちから「目からウロコが落ちました」「肩の力が抜けました」という感想を多くいただいています。

離乳食から3歳ぐらいまでの子どものごはんは、一生の食のベースを作るものです。そして、病気になりにくい、〝つよい体〟の土台を作るものです。土台の体ができれば、将来、病気になりにくく健康に過ごすことができます。そして、体の不調に足を引っ張られることなく、自分の夢に全力で打ち込めるのです。それこそ親のつとめだと思います。どうぞ毎日のごはんの力で、土台となる〝つよい体〟を作ってあげてください。

食養研究家　薬膳料理家　山田 奈美

もくじ

2章 離乳食は難しくない！

3章 アレルギーを起こさない離乳食

1章

〝つよい体〟は離乳食から作られる

お母さんのお乳から卒業して、初めて口にする離乳食。
いつ頃から始めるの？　何をどのくらい食べさせたらいいの？
おさえておきたい〝はじめの一歩〟から、将来の食習慣や
〝つよい体〟のベースを作る大切なポイントをお伝えします。

離乳食は遅く始めるほうがいい

離乳食教室をしていると、「離乳食はいつから始めればいいですか？」という質問をよくいただきます。答えは、「その子に聞くべし」。教室に来られる方のなかには、４ヵ月早々から始めている子もいれば、１歳半になってもあまり進まない子もいます。ほんとに千差万別。人それぞれまったく違います。むしろ違っていいのです。

WHOの基準では月齢6ヵ月頃から離乳食をとることが推奨されています。6ヵ月ぐらいになると、母乳から得られる栄養と、赤ちゃんが必要とする栄養に差ができ始めるためとされます。厚生労働省の基準は5～6ヵ月。市町村の保健センターなどで行う定期検診では、4ヵ月ぐらいから離乳食の指導があります。でも、これらはあくまで一般的な基準。大事なのは、目の前にいる自分の子が食べる準備ができているかどうかということです。

食べる準備とは、消化能力が整っているかということ。よく、「食べものに興味を示すようになったら離乳食の始めどき」などと言われますが、それだけでは不十分。目安としては、前歯が生え始めていること。よだれ（唾液）がしっかり出ていること。この2つが離乳食を始めるうえでの重要なポイントだと思います。それ以前の早すぎる離乳食は、便秘や下痢、誤飲やアレルギーなどのトラブルを起こす一因となります。

赤ちゃんの胃腸はとにかく未熟です。食べものを消化吸収する能力もほとんどありません。それまでは母乳かミルクの液体食だったのですから当然のこと。ですから、少なくとも前歯の2本ぐらいは生え、よだれもいっぱい出るようになってから始めたほうが、胃腸の消化を助けることができるのです。

最初は歯ではなく歯茎を使って食べるのだから、歯は関係ないのではと言う人もいますが、乳歯が生えるということは、もう食べものが入ってきてもいいよという体の合図のように思えるのです。なにより歯が生えてから始めたほうが、手間のかかるどろどろの流動食を与える期間が短くてすみます。早めに固形食に進むことができますから。

よだれは、一般的に3～4ヵ月頃から目立ち始め、乳歯が生え始める5～7ヵ月頃から増えていくとされます。唾液（よだれ）は、歯に続いて食べものを消化する第2の砦ですから、胃腸の未熟な赤ちゃんにとっては必須です。よだれがいっぱい出るということは、固形物を食べるだけの唾液の能力ができてきたということです。よだれの出ない子はおしゃぶりを利用するのも手です。舌をよく使い、あごも鍛えられます。

離乳食は、急いで始めてもいいことはありません。ゆっくりとマイペースで、その子に合わせて始めましょう。赤ちゃんがおいしそうに食べるならあげればいいし、拒否するなら月齢がきても、無理に食べさせなくていいと思います。ただし、極端に遅すぎても食への関心が低下したり、鉄分不足になったりするので、その子に合ったタイミングを見極めるのが大切です。

早すぎる離乳食はトラブルのもと!!

離乳食を始めるタイミングはどうやって見極めればいいのでしょうか。赤ちゃんは腸が未完成で生まれてくると言います。大人と比べて腸管も薄く、消化能力もほとんどありません。腸のバリア機能も未熟なため、病原菌や細菌などの異物(抗原性たんぱく質)も腸をスルーして全身に吸収されやすくなります。

1977～1978年、アメリカで赤ちゃんの突然死が多発したことがありました。原因は乳児ボツリヌス菌症。ボツリヌス菌はブドウ球菌とともに食中毒を起こす代表的な菌ですが、1歳以上の体内では繁殖することはありません。ボツリヌス菌の芽胞は大きいため、1歳以上の腸壁は通り抜けることができないからです。しかし、1歳までの赤ちゃんの腸は未熟なため、フリーパスで細菌が血中に取り込まれてしまうことが明らかになったのです。

これを抑えるのが母乳です。母乳に含まれる免疫グロブリンAという抗体が、胃腸の粘膜を保護し、ウイルスや細菌、アレルギーのもとになるたんぱく質から赤ちゃんを守ってくれているのです。母乳には赤ちゃんを異物から守るこんなすばらしい働きもあるのですね。

腸だけでなく、赤ちゃんは口から胃、小腸、大腸、肛門までの消化管全体が未熟です。唾液腺は2歳になってやっと成人と同じ構造になります。胃は出生時にはわずか50㎖程度しか入りません。食べものの消化吸収に必要な消化酵素を分泌する膵臓も未熟です。ですから消化できるのは、糖質とおっぱいに含まれる乳たんぱくと乳脂肪分のみ。それ以外の栄養素の吸収はとても困難とされます。

2008年にはオランダやアメリカの研究で、離乳食開始が遅い子どものほうが、アトピー性皮膚炎や喘息、食物アレルギーのリスクが高いという結果が発表されました。日本でも2012年に同様の研究結果が出されています。でも、消化管の発達を考えれば、早いうちに離乳食を与えることが胃腸の負担になるのは容易に想像がつきます。

栄養状態のよい健康な母乳であれば、赤ちゃんの消化管が食べもの

を受け入れる準備ができるまで、母乳のみで育てるほうが安心なのです。

むしろ、早くから消化しにくいたんぱく質や脂肪分などをとると、うまく分解されずに腸内に未消化で残り、それが血中に取り込まれてアレルギーの一因となるばかりか、全身に影響する可能性もあります。

赤ちゃんの腸は、1歳ぐらいで完成すると言われます。それまでは**アレルギーを起こしやすい食品や消化のよくないものは避け、離乳食もゆっくりと始め、ゆっくりと進めるのがいいのです。**「全然、離乳食を食べてくれない」と悩んでいるお母さんも焦る必要はまったくありません。子ども自身がまだ消化吸収できないから、本能的にいらないと感じているのであって、「ゆっくりでいいよ」と、教えてくれているのだと思います。ミルクの場合も、腸の成長に合わせてゆっくり始めればいいのです。

子どもの味覚は3歳までで決まる!

よく子どもの味覚は3歳までに決まると言われますが、大事なのは離乳食期だと思います。**離乳食をスタートしたときから、大人と同じ**

レシピ

和食の基本は〝だし〟

【我が家流だし汁】

●材料
水1ℓ、日高昆布5㎝角1枚、かつおぶし（本枯節）20g

●取り方
① 水に昆布を浸しておく。できれば一晩。時間のないときは10分でもOK。
② 弱火にかけ、昆布の端から泡がぷつぷつ出てきたらかつおぶしを投入する。

ようにいろいろなものが自分で食べられるようになる3歳ぐらいまでの時期です。

赤ちゃんの味覚も胃も、いわばまだ汚染されていない真っ白なキャンバスのようなもの。そこに色を付けていくのは離乳食です。鋭敏で素直な味覚を作ることができるか、それとも感受性の乏しい味覚になるかは、この時期に大きく左右されると思います。

たとえば、離乳食期からアミノ酸や糖類が添加された市販のお粥やスープの味に慣れてしまったり、早くから清涼飲料水やジュースの甘さを知ってしまったり。また1歳早々で、添加物や砂糖がたっぷり含まれるアイスクリームやお菓子、生クリーム、ケチャップやマヨネーズなどの味を知ってしまうと、どうでしょう。こうした市販の加工品は、おいしく甘く、後をひくように作られているため、脳の中枢神経ではコントロールできません。次から次へと欲しくなってしまいます。

③ そのまま弱火で10分煮る。鰹節が沈んだら漉す。

※カビ付けして熟成させた本枯節(ほんかれぶし)なら少ない量でいいだしが出ます。荒節なら倍ぐらいの量を入れてください。

※最初から最後まで弱火で。煮立てなければ昆布や鰹節の臭みが出ないので沸騰前に昆布を取り出さなくてOK。

※だしがらの昆布と鰹節も捨てないで佃煮にしましょう。子どもも大好きです。

何より素材の味では満足しなくなるのがいちばんの問題です。

離乳食ではまず、何よりも素材の甘味やうま味を感じてもらうことが大切です。蒸しただけのにんじんがどれほど甘いか、採れたてのえんどう豆がどれほどみずみずしいか、海藻の磯の香りや適度な塩気、こうした素のままの味を感じられる舌を育てることが、味覚を作る第一歩ですし、そしてもっとも大切なことだと思います。

みんなから大ちゃんと呼ばれている3歳になる息子は、お手伝いをしながら、キャベツの芯をぼりぼり食べます。おいしいキャベツは、芯が甘いことを知っているのです。何の調味料も必要としません。離乳食で敏感な舌を育てることは、一生の宝になります。**大人になっても、濃い味付けになったり、加工品や調味料の味に頼ったりすることがないので、生活習慣病のリスクが減らせるからです。**

レシピ

素材の味
そのまんまごはん

【大根の蒸し煮】

大根の皮をむいて1㎝角に刻んで鍋に入れ、水少々を加えてふたをし、柔らかくなるまで蒸し煮にする。

※塩やしょうゆ、だし汁（24～25ページ参照）を加えたり、大きめに刻めば、子どもや大人のごはんにもOK。

一生の腸内細菌を決める離乳食

私たちの体の免疫力は腸がかなめです。腸内には体のおよそ70%の免疫細胞が集中しているからです。腸の中には、毎日たくさんの食べものが入ってきますが、それと同時に、病原菌や細菌も取り込んでしまうため、腸内にはよからぬ異物を排除するシステムが備わっているのです。このシステムを「腸管免疫」と言います。

腸管免疫は、体の中でもっとも大きな免疫組織で、これを活性化するのが腸内細菌です。研究によれば、腸内細菌のいないマウスでは、病原菌の侵入を阻止してくれるIgA抗体が少なくなり、免疫力が低下してしまうそうです。反対に、腸内細菌は免疫細胞を刺激して免疫の活性化に役立ち、腸内に侵入してきた病原細菌の排除にも協力していることがわかってきています。腸内細菌は、免疫力を発揮するためになくてはならない存在なのです。

ところが、赤ちゃんは無菌の状態で生まれます。スタートは誰でも一緒です。出産時のお母さんの産道や取り上げた人の手、お母さんのおっぱいやお腹、口、空気中などから次々にいろいろな菌が取り込まれ、まっさらな赤ちゃんの腸内に棲みつき始めます。それから2日目以降、母乳やミルクを飲むことでビフィズス菌が90%くらいに増加します。赤ちゃんの腸の免疫機能はとても弱いものですが、ビフィズス菌が乳酸や酢酸を作り出すことで、病原菌が繁殖できない酸性度の高い環境を作り出してくれるのです。

それが離乳食を食べ始めると、腸内細菌の勢力図は一気に様変わりします。腸内に入ってくる食べもの、菌にとってはエサが変わるわけですから当然のこと。エサをたくさんもらえる菌が勝ち残り、エサをもらえない菌の力は弱まって、勢力図が塗り変わるのです。そして、2～3歳頃には、その子固有の腸内細菌の生態系（腸内フローラ）ができあがります。

ですから、腸内フローラが完成するまでの離乳食期はとっても大事。一度作られた腸内フローラは、なかなか作り替えられないからです。いわば、**離乳食が一生の腸内環境を決めると言っても過言ではありません。そして、それはおのずと免疫力の高さにもつながっていくわけです。**

腸内細菌には、体にとってメリットの多い善玉菌と、悪さをする悪玉菌、そして様子を見ながらどちらにも転ぶ日和見菌《ひよりみきん》の3種類がいます。**善玉菌は腸管免疫を刺激して免疫力を上げたり、過剰なアレルギー反応を起こしにくくしてくれます。**善玉菌が多い腸内は、免疫力が高くなるのです。

悪玉菌はたんぱく質や脂質が好みで、善玉菌は炭水化物（オリゴ糖）や食物繊維を好みます。ごはんや野菜、海藻を中心とした離乳食で、善玉菌がいっぱい働く腸内環境を作ってあげましょう。

善玉菌を増やす食材

玉ねぎ、ごぼう、キャベツ、ねぎ、とうもろこし、じゃがいも、にんにく、アスパラガス、大豆、豆腐など

レシピ 善玉菌を増やすごはん

キャベツと玉ねぎのウォーターソテー

［材料］（親子3人分程度）
キャベツ2枚、玉ねぎ¼個
水大さじ3、塩少々

［作り方］
❶ キャベツと玉ねぎは食べやすい大きさに切る。
❷ 鍋に水を入れ、沸騰したら①と塩を加える。香りよく色鮮やかになるまで、じっくり炒める。
※ 離乳食初期は塩を加えずに作ります。

じゃがいものすり流し

［材料］（親子3人分程度）
じゃがいも（小）1個、万能ねぎ適量
だし汁400㎖、塩少々

［作り方］
❶ じゃがいもはすりおろす。万能ねぎは小口切りにする。
❷ 鍋にだし汁を入れて火にかけ、じゃがいもと塩を加えて甘い香りがするまで中火弱で煮る。器に盛り、万能ねぎを散らす。
※ 離乳食初期は塩を加える前に取り分けます。

食べないときは無理して食べさせなくていい

「なかなか離乳食を食べてくれない」「食が細くて困っています」というような相談もよく受けます。**こんなとき、「うちのごはんがおいしくないからかしら」などと落ち込む必要はないですよ。**

味覚は「慣れ」が大きいので、大人にとっても子どもにとっても、毎日食べている我が家の味がいちばんおいしく感じるはず。だから、おいしくないから食べないわけではないと思います。

子どもは大人よりもずっと本能的、直感的です。食べないときは、体が求めていないから食べないんです。

まずは、お腹がすいてから食べること。時間だからといって無理に規則正しく食べる必要はないんです。一食抜けたっていいんです。寝る直前にごはんを食べて、朝起きてすぐに食卓についたら、大人だってあんまり食べる気はしないでしょう。昼間もたいして動くことなくだらだら過ごしていたら、お昼になってもお腹がすかないのも当然のこと。反対に、お腹がすけば自然に食べたくなるものです。

空腹を感じると、モチリンという消化ホルモンが小腸から分泌されます。モチリンが分泌されると胃の収縮が起こり、胃の中に食べものが入ってくる準備をします。お腹がぐーっとなって、モチリンがしっかり出てから食べれば、食も進むと思いますよ。

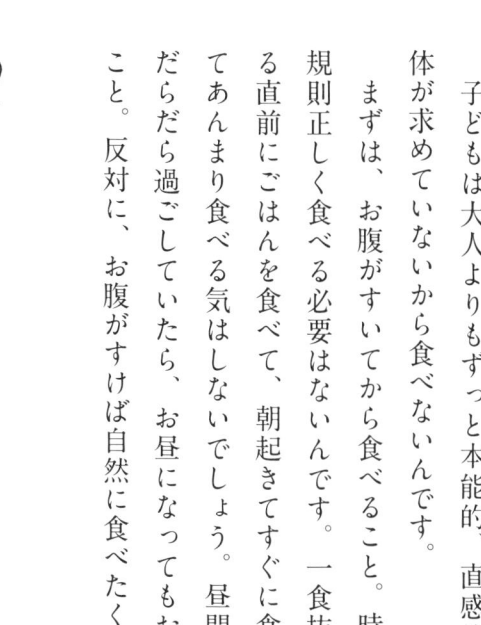

もう一つ大事なのは、時季に合っているかということ。人間も自然の一部であって、体と自然のリズムとは一体です。だから、**夏には夏の露地で採れるものを、冬には冬の露地で採れるものを体に取り入れるのがもっとも自然で体に合っています。**

余計な情報が入っていない赤ちゃんや子どもならなおさら、この自然のリズムに正直です。何より天地の恵みを受けて自然な環境で作られた旬の野菜は、生き生きとして力強く、味も濃く、そのままでおいしいものです。反対にハウスなどの人工的な環境で無理をして作られた季節はずれの野菜は、味も薄く、不自然な苦味やえぐみがあったり、ダイナミックな生命力が感じとれません。そうした違いを、子どもは本能的に察知しているのでしょう。バナナやさつまいもやかぼちゃなど、いくら離乳食期の赤ちゃんが食べやすいものだからと言っても、季節を問わず与えないようにしましょう。旬のリズムに鈍感になってしまいます。

大ちゃんも、大人が驚くほど季節の食べものには敏感です。温州みかんも露地でおいしくなる真冬にしか食べないし、早取りのいんげんは口にしません。イチゴは初夏にしか食べないし、スイカも汗をだらだらかくような真夏にしか食べません。**「なんでイチゴ食べないの？」と尋ねると、「まださむいから、たべないの」と。**この返答には驚きました。私が常々、寒いときに冷えるものは食べない、などと言っているのを耳にしているのでしょうが、季節に合わないものは本能的に必要ないと感じているのだと思います。「うちの子は野菜嫌いなの」というお母さんは、その野菜がちゃんと季節に合っているものか、自然な環境で伸び伸びと育ったものかどうかも見直してみてください。

０歳からのお手伝いのすすめ

なかなか食が進まない、好き嫌いが多いという子は、どうやって食べものや料理ができるのか、その過程に触れさせてみることも大切だと思います。０歳の赤ちゃんだってできることはたくさんあります。

離乳食を始めたら、おんぶをして何を作っているかを話しながら、作る過程を見せます。たとえば、「これはにんじんね。とっても甘いのよー。蒸して食べようねー」「こっちはキャベツ。あおむしさんも大好きなの。刻んでスープに入れようね」と、赤ちゃんと一緒に作っている感覚で手を動かす。そうすると、自然に自分でもやってみたいと思うようになるのではないでしょうか。**子どもが興味を持ったら、その気持ちを抑えることなく、どんどんやらせてしまいましょう。**キッチンは汚れるし、食器は割れるし、料理はこぼすし、調理に時間もかかりますから、それは大変なことです。でも、食に関心を持たせるには、自分で作ることほど効果的なことはありません。

9～10ヵ月ぐらいになって、小さなものも手指でつまんだりできるようになったら、葉っぱをちぎったり、鍋に切った野菜を投入したりできるようになります。これだって立派なお手伝いです。**危ないこともあるけれど、沸騰したお湯の熱さとか、包丁の切れ味とか、食器が割れるということも身をもって覚えていく。**そうしてキッチンに一緒に入り、一緒に作っていくと、自然に食も進むようになります。

大ちゃんは、0歳のときからキッチンに入っていました。最初はせいろのふたを閉めるだけとか、ちぎったキャベツを空のフライパンに入れては出すを繰り返すだけだったりしましたが、1歳半には鋼の包丁でぬか漬けを切り、2歳半ではかたいそら豆の皮をむき、適量の塩を入れてゆで、ざるにあげる、という一連の工程を一人でやってのけます。これもすべて自分が食べたいから。お腹がすいて親が作るのを待っていられないから自分で作ってしまおうというのです。どんどんキッチンに入る子に育てれば、後々とってもラクだと思います。

できれば、作る工程だけではなく、野菜がなっている姿に触れたり、自分で畑の野菜をもいで食べられるなら最高ですね。素材そのもののおいしさを存分に感じられるからです。命をいただくありがたさということまでは、離乳食期の乳幼児にはまだピンと来ないかもしれませんが、収穫したての素材のおいしさは、しっかりと子どもにも響きます。

本物だけを食べさせよう

世の中には偽物食品が溢れています。塩やしょうゆ、味噌、みりんなど基本となる調味料もしかり。本来の醸造や発酵を短期間で行い、アミノ酸や増粘多糖類、酸味料、着色料などの添加物を加えて、それらしく見せているものがたくさんあります。

たとえば、本物のしょうゆならば、原材料は「大豆、小麦、塩」ですが、「しょうゆ風調味料」の原材料表示には、「脱脂加工大豆、調味料、pH調整剤、甘味料、カラメル色素」となっています。ちゃんと発酵熟成させた本来のしょうゆとは、まったくの別物です。**毎日使う調味料がこうした偽物だと、不要な添加物をとらざるを得なくなり、それが少しずつ体に蓄積されていくことになります。**

そもそも日本は世界一の食品添加物消費国家とされます。2011年の消費者庁のデータによると、指定添加物約420品目、既存添加物365品目、天然香料約600品目、一般飲食物添加物約100品目と、日本の食品添加物数の合計は約1500品目にものぼりますから驚きます。

なかには亜硝酸ナトリウム、ニコチン酸アミド、過酸化水素、食用赤色102号・104号・106号などなど、遺伝子を傷つける毒性や発がん性があり、外国では使用が禁止されている添加物もたくさんあり、身の毛もよだつ思いがします。
　最近になって、ネオニコチノイド系農薬の食品中の残留基準の大幅な緩和が行われました。ネオニコチノイド系農薬は、人や環境へ悪影響があるとされ、世界的にも規制が進んでいる農薬です。植物の受粉に欠かせないミツバチが激減する要因であり、人体ではとくに子どもへの影響が大きいとされます。今回の残留基準値の引き上げは、規制が進む世界の動きに完全に逆行するものです。ブロッコリーはEU基準値の50倍、トマトは60倍、きゅうりは100倍の農薬が残留する可能性がでてきたのです。

こうした添加物や農薬の問題は、企業利益最優先の日本政府の方針もありますが、同時に、安くて長持ちし、見た目もきれいな食べものを求める日本の消費者の要求に応えて使われているものです。だった

ら私たち一人一人が本物を見分ける目を持ち、たしかなものにだけお金を使うという姿勢を徹底していくことで、危険な食材を排除していくことができるはずです。それには、大切な子どもを守ろうとするお母さんたちの意識と行動が大きな力になると思います。

子どもの舌は正直です。本物と偽物を見分ける力をちゃんと持っています。お刺身も養殖ものや解凍ものは食べなかったり、わさびもチューブではなく、本わさびなら甘味もあってまろやかなので子どもでも食べられます。添加物や農薬などの化学合成物質で、汚染されていない離乳食のときこそ、本物の食材だけを与え、本物を見抜く力を育てましょう。

わざわざ子ども用の食事を作らない

唐揚げにオムライス、エビフライ、ハンバーグ、赤いソーセージ。いわゆるお子さまランチのメニューです。動物性たんぱく質ばかりで、野菜はほとんどゼロ。これではバランスが悪すぎです。**こういうメニューなら子どもが喜ぶとか、こういうものでないと食べないと思い込んでいるのは、子どもに迎合しすぎではないでしょうか。**

赤ちゃんが生まれたら、大人の食事も子どもに合わせて変わらざるを得ないと思っている人もいるようですが、子どもの食事に大人が合わせる必要はないと思います。大人の食事に子どもが合わせればいいのです。

我が家のある日の晩ごはんです。七分づきの胚芽米、ぬか漬け、さばの塩焼き、小松菜の煮浸し、大根の煮物、こんにゃくときのこの辛子和え。

1～2歳の子どもが喜んで食べるメニューとは思えませんよね。でも、これしかないから、大ちゃんも大人と競うようにパクつきます。昔は今のような華やかな洋食メニューがないから、子どもも大人と同じように、こうした地味なおかずを食べていたはずです。**離乳食もこうした大人のメニューから、味付けをする前に取り分けたり、少し長めにゆでたり、細かく刻んだりして、あげればいいのです。**

レシピ

大人と同じごはん

【小松菜と豆腐の煮浸し】

小松菜は食べやすい大きさに刻み、豆腐は手で粗くほぐす。だし汁としょうゆ少々でさっと煮て火を止め、しばらくおいて味をふくませる。

※1歳ぐらいから与えます。

子どもを特別扱いしないこと。ひと昔前の祖母の時代は、わざわざ子どものために離乳食なんて作らなかったと聞きます。親が食べるものをクチュクチュと噛んで、柔らかくしてから食べさせていたと言います。もちろんお母さんに虫歯があったり口内炎があったりするときはやめたほうがいいのですけど。

子どもだけ別にごはんを作るのは大変なことです。**子ども用のメニューを作るとそれに慣れてしまい、自分の好きなものばかりを食べたがり、栄養が偏ったり、好き嫌いを増やすことにもつながります。**子どものときから大人と一緒のものを食べる習慣や舌を作っておくほうが、ずっとラクですし、体にとってもいいことですよ。もちろん、大人の食が高脂肪、高たんぱくだったり味が濃かったりするようでは問題外。旬の和食で薄味のものを、子どもと一緒に食べるのが基本です。

「子どもは食べない」の思い込みを捨てる

うどの酢みそ和え、ふきの葉のきんぴら、ごぼうの実山椒煮……。どうみても大人の酒の肴にふさわしく、子どもが口にしそうにありませんが、私が開いている「和の薬膳教室」やイベントなどでお出しすると、意外にも2〜3歳の子どもでもおいしそうに食べたりします。よく噛んで、味わうように食べている姿は本当に微笑ましいものです。

子どもはとかく甘味を好み、辛味や苦味は避けて口にしない、という思い込みがあります。でも、極端に辛すぎたり、苦すぎたり、渋すぎたりしなければ、子どもは受け入れます。素材の味があるからです。うどはよく噛むと甘味がありますし、ごぼうもうま味成分たっぷりです。調味料ではなく、その奥にある素材の味が感じられるから、子どもでも食べるのです。

子どもは食べないだろうという固定観念を捨てて食べさせてみると、食の幅がどんどん広がります。これは子どもの脳の発達にも直結します。

舌にはおよそ8000個の味蕾《みらい》（味覚を感じる器官）があり、塩味、甘味、苦味、酸味、うま味の5つの味を感じる5種類の受容体が存在すると言われます。この5種類の受容体が5つの味を別々に感知し、それぞれが別々の中枢神経（大脳皮質の味覚野）へと接続され、脳で味を知るのです。そのため、いろいろ

な味の料理を食べたほうが、大脳皮質のたくさんの神経を刺激でき、脳を活性化することができるわけです。

脳内の神経細胞をつなぐシナプスの数は、生まれた直後からすごい勢いで増え始め、生後2～3年にはピークを迎えると言われます。脳が一生のうちでもっとも発達するのは3歳までなのです。その間にいろいろな刺激を与えて、シナプスを増やしてあげましょう。ただし、いろいろ食べさせると言っても、外国のものは必要ありません。**あくまで日本人が昔から食べてきたものを、大人と子どもと区別することなく食べましょう。**

レシピ

子どもでも食べる
〝渋〟ごはん

【大根の葉の酒煎りふりかけ】

フライパンに、みじん切りにした大根の葉、酒ひとまわし、塩少々を入れて中火で汁気がなくなるまで煎る。
※ごはんにかけていただきます。

一緒に食べる「共食《きょうしょく》」が大切

離乳食は大人のごはんとは別に作って、赤ちゃんだけ先に食べさせてしまう、とか、お母さんのごはんは簡単にすませてしまう、という人も多いようです。でも、食事の基本は家族一緒に同じものを食べるということ。**離乳食のときから、家族で食卓を囲む「共食」こそ大切だと思います。**

内閣府の「食育の現状と意識に関する調査」（2011年）によると、家族と一緒に食べることが「ほとんどない」と答えた人の割合は、朝食25・5％、夕食8・8％と、家族そろって食卓を囲む機会がとても少なくなっています。子ども時代に一人で食べる「孤食」が続くと、好きなものばかり食べる傾向になって栄養が偏ったり、またコミュニケーションの不足から、社会性や協調性が低くなったりすると言われます。

どんなにおいしい食事でも一人で食べるのは味気ないもの。離乳食だって同じです。赤ちゃんのときから、家族で食卓を囲む食事の楽しさやおいしさは感じとれるものです。**親がおいしそうに食べるのを見ることで、自分も食べたいと思うものです。**離乳食なんてほんのわずかな量ですから、すぐに食べ終わってしまうでしょう。でも、一緒に食卓について、一緒に「いただきます」をして、「おいしいね」と言いながらみんなで食べる。これほどおいしいごはんはありません。

私の子ども時代は、祖父母を含め、家族6人が朝も夜もそろって食卓についていていました。食べものを弟と取り合ったり、嫌いなものが食卓に並んだり、祖母に怒られたり……と楽しいことばかりではありませんが、当時の記憶は、温かい家族の思い出として今も残っています。

毎食は無理でも、1日1回は、お父さんもそろって「いただきます」をして、家族で食を楽しむ時間を作っていただきたいと思います。仕事が忙しくても、作ろうと思えば時間は作れます。家庭もかえりみずにひたすら働く時代は終わり、日々の小さな暮らしを楽しむ時代がようやくやってきました。**何が大切か、何を優先すべきかを考えれば、おのずと働き方や家族との時間の作り方も変わってくるのではないでしょうか**。赤ちゃんとの暮らしは、自分や家族の暮らし方を見つめ直す、とてもいいきっかけになると思います。

コラム（1）

五感を刺激する離乳食

離乳食はお粥だけだからと、キッチンの隅に座らせて、食器も使わず、鍋のまま片手間に食べさせたり、つい簡単にすませてしまいがちかもしれません。でも、これでは食事がおいしい、楽しいという気持ちはなかなか起こりにくいのではないでしょうか。シンプルな離乳食だからこそ、柔らかさだけにとらわれるのではなく、**食事を楽しくする演出**を考えてみてはいかがでしょう。

たとえば、**かわいいランチョンマット**を敷いて、**陶器の小さなおちょこ**をごはんの器にする。赤ちゃん用だからといって、**キャラクターものやプラスチックのものにする必要はない**と思います。赤ちゃんに媚びないで、きちんとした大人の美意識のもと、離乳食用の食器も選べばいいと思います。我が家では、**子ども用にも漆の器**をよく使っています。漆器は木製なので割れにくく、とても軽くて、小さな子でも手に持って食べやすいものです。ごはんの水分を適度に吸ってくれるので、柔らかいごはんでもべたっとしないのも利点です。こうした**日本の伝統的な手仕事に、小さな頃から触れさせる**のも大切なことだと思います。

2章

離乳食は難しくないー

離乳食は、「赤ちゃんのために」と特別に作る必要はありません。
フリージングしたり、作り置いたり、
面倒なことはしなくていいんです。
家族のごはんを作るときに、少しだけ気をつけてあげればいい、
お母さんが疲れない離乳食です。

素材の味を感じさせよう！

一般的な離乳食指導では、初期にはほうれん草をペースト状につぶし、さらに水でのばしてスープにしたり、ささみをゆでてフードプロセッサーにかけ、葛粉でとろみをつける、などといったメニューがすすめられたりします。

でも、これでは赤ちゃんは何を食べているのかわからないと思いませんか。なんだかごまかされているようで、素材の甘味もうま味も感じられません。おいしいかどうかと言えば、決しておいしいとは言えないでしょう。**なかなか離乳食が進まない、と悩んでいるお母さんがいたら、それはこうした正体のわからない離乳食がおいしくないからです。**

赤ちゃんは大人よりもずっと本能的で感覚的です。大人でも食の進まないような離乳食を、五感のすぐれた赤ちゃんが欲しがるとは思えません。まっさらな子どもの味覚を、こうした離乳食でごまかしてはいけない気がします。

市町村の保健センターなどで行う指導とは反するかもしれませんが、**離乳食ではペーストにしたり、裏ごししたり、水で薄めたり、のばしたり、葛粉でとろみをつけたり……、そんなことをする必要はありません。**素材そのままの味でいいのです。

むしろ離乳食初期から、素材そのもののすっぴんの味を感じてもらうことが大切だと思います。つぶすのは、離乳食を始めてほんの1〜2週間で十分。そこで慣らして、その後は歯茎でつぶれるぐらい柔らかく蒸して、固形のまま、素材をそのまま一品ずつ与えるのがいいと思います。

たとえば、にんじんやじゃがいもは初期のみ皮をむいて、1㎝ぐらいの角切りにし、おちょこのような小さな器に入れて蒸します。ごく初期のみ、その器の中で小さなすりこぎやスプーンの背などでぎゅっとつぶせばＯＫ。その後は角切りのまま口にふくませます。ほうれん草や小松菜などの青菜も同様に、小さく刻んでから小さな器に入れて蒸します。刻めば青菜の繊維も消化しやすくなります（※「簡単おちょこごはん」の作り方は4ページ参照）。

レシピ

蒸し蒸しごはん

【なす蒸し・ピーマン蒸し】

なすとピーマンは1㎝角に刻んで、それぞれおちょこなどの小さい器に入れ、せいろで蒸す。※塩やだし汁を加えて蒸してもOK。子どもに人気のない野菜は、早めに食べさせて味に慣れさせるのも手です。

これなら、にんじんはにんじんとして、小松菜は小松菜として、素材そのものの味を味わえます。ペーストにしたり、水でのばしたりするよりも、断然おいしいし、断然簡単だと思いませんか。しかも、蒸した野菜は、素材の甘味やうま味が水に溶け出さずにぎゅっと凝縮されるので、水でゆでるよりもおいしくいただけます。これなら大人用の食事としても十分満足できるので、わざわざ離乳食として別に作る必要がなくなります。小さな器ごと食卓に出せるので、洗い物も減って、いいことずくめです。

赤ちゃんが初めて口にする食べものこそ、やっぱりシンプルに素材の味を感じてほしいと思いませんか。それが鋭敏で豊かな子どもの味覚を育てる第一歩であり、母から子どもに伝える、初めての食育になると思います。

調味料は「さしすせそ」だけでいい

離乳食に調味料はほとんど必要ありません。健康なお母さんのおっぱいの味は、乳糖のほのかな甘味と、わずかなうま味のグルタミン酸、そして血液の半分程度の薄い塩味で構成されています。ミルクは母乳より甘めですが、それでも薄味です。そのおっぱいやミルクの味に慣れてきた乳児に、いきなり味付けしたものを与えることは、繊細な味

覚を狂わせることになりかねません。素材の甘味やうま味だけで十分です。

離乳食開始から2〜3ヵ月して、穀物や野菜の味を覚えたら、塩や味噌をほんの少々のみ。これだけで結構です。素材の味を感じてもらうこと。繰り返しになりますが、初めて食べることを覚えた赤ちゃんにとって、これがもっとも大切な最初のステップです。

その後、離乳食が進んでも、調味料は「さしすせそ」だけで十分。大人の食だって同じです。**「さ」は砂糖ではなく、古くはみりんのことを指しました。砂糖は料理に使う必要はありません。**あとは塩麹や甘酒などの発酵食品や梅干し、梅酢などがあれば事足りるのではないでしょうか。ワンパターンになりそう？　むしろ、調味料の味に頼るよりも、それぞれの素材の味を生かすほうが、いくらでも変化がつけられます。

調味料をあれこれ使うと、何を食べても調味料の味になってしまいます。たとえば、サラダにドレッシングをかけると、野菜の味ではなくドレッシングの味になってしまい、野菜が変わっても同じ味に感じたことはありませんか。それよりも、塩ゆでしたり蒸したりしただけの野菜のほうが、にんじんはにんじんの味、小松菜は小松菜の味として変化が楽しめます。あれこれ調味料を使うよりも何より簡単です。

同時に、自然の味がわかる鋭敏な舌を育てるように、料理は薄味を心がけましょう。**濃い味に慣れさせることは、正常な味覚を狂わせる可能性があります。大人になったときに生活習慣病を起こすリスクも高まります。**薄味なら子ども用にわざわざ作り分けなくてもすみますし、大人にとっても健康的です。

そして、シンプルな調味料なだけに、いいものを選ぶこと。昔ながらの天然醸造の味噌やしょうゆやみりん、酢、成分調整されていない、にがりを含んだ天然塩などを離乳食のときから取り入れましょう。

レシピ

少ない調味料でOKのシンプルごはん

【塩だけポテサラ】

じゃがいも、玉ねぎ、にんじんは小さく刻んで蒸す。柔らかくなったら粗めにつぶして塩を加えて混ぜ合わせる。

※離乳食が進んだ子や大人用には、玉ねぎを酢＋みりんに漬け込んだものを混ぜてもおいしい。

おすすめの調味料

ⓢ そ　せ　す　し　さ

Ⓢ 福来純三年熟成本みりん / 白扇酒造 0120-873-976

江戸時代から変わらない伝統的な手法で90日間仕込み、熟成に3年かけたたっぷりのうま味とまろやかな甘味の琥珀色のみりん。

(し) 高知の天日手揉み塩「美味海(うまみ)」/ 海工房 ☎ 0880-43-1432

後からマグネシウム＝にがりを添加した塩も多いのですが、天日塩は海のミネラルバランスそのままなのが魅力。うま味が強く、とがった塩辛さはないのに、塩味がばっちりキマります。

(す) マルサン純米酢 / 今川酢造 ☎ 076-241-4020

日本でも数少ない静置醗酵法の天然醸造酢。いったんお酒を作ってからお酢にするという、とても手間と時間のかかる製法で作られているため、日本酒同様たくさんのアミノ酸を含み、酸味がまろやかなのが特徴。

(せ) 井上古式じょうゆ / 井上醤油店 ☎ 0854-56-0390

一般的なしょうゆよりも多い国産丸大豆で仕込み、酵母の棲みついた蔵でじっくりと天然醸造される。酵母・糀菌が醸す豊潤な香りと柔らかな有機酸の深い味わいが魅力。

(そ) 味噌 / 自家製

北海道の自然栽培大豆とマルカワ味噌の蔵付き麹、天日手揉みの「美味海」塩で作った味噌。ぜひ手前味噌を作ってみましょう。

作り置きはしない

1回に食べる量がごくわずかな離乳食。まとめて作って冷蔵や冷凍保存をしている人も多いようです。とくに、重湯《おもゆ》やお粥は少量炊くのが難しいため、フリージングするのが一般的かもしれません。

でも、私は冷凍・冷蔵保存に反対です。赤ちゃんは、大人が想像する以上にグルメです。**どれだけ技術が進歩して最新の冷蔵庫になって**

も、いったん冷蔵、冷凍したものの味は落ちます。それを赤ちゃんはちゃんと察知します。離乳食教室に来られる方でも、「冷凍したお粥は全然食べてくれなかった」というお母さんがたくさんいらっしゃいます。大人は平気でも、濁りのない赤ちゃんの舌はごまかせません。シンプルなお米だけだからこそ、おいしくないものは食べないのです。むしろ、冷凍したごはんを電子レンジでチンして食べられる大人の舌を疑うべきだと思います。何より離乳食を小分けにして日付などを記入し、冷凍庫に整理整頓して並べたり、順番に食べ切るように管理するのは面倒ではないでしょうか。

食品を冷凍すると、細胞中に氷の結晶ができて膨張し、細胞壁が破壊されてしまいます。そして、いったん冷凍したものを解凍すると、壊れた細胞から水分が流れ出し、一緒にうま味や栄養素も出てしまうため、水っぽくなるうえ、味や栄養価も落ちてしまいます。とくにごはんは、冷蔵するだけで固くなって味が落ちます。コンビニで売られているおにぎりが、冷蔵されていても固くならないのは、食品添加物のたまものです。ごはんものを保存するなら常温で、短時間のみにしましょう。

電子レンジの害については、放射線の一種であるマイクロ波が食品に照射されることや電磁波の危険性などが取り沙汰されていますが、根拠となるデータがないため、はっきりしたことはわかりません。でも、食べてみておいしくないことは自分自身がいちばんはっきりわかるのではないでしょうか。土鍋で炊いたごはんと、冷凍したものをレンジでチンしたごはん。明らかに違うと思います。家族が口にするものは、お母さんの五感で判断すればいいのです。

大切な赤ちゃんの離乳食ですから、どうぞ1食ずつ作ってあげましょう。大人と別に作らなければならないのは、ほんの短期間ですし、そ

レシピ

ごはんをお粥にする方法

【簡単お粥】

大人用に炊いたごはんから、スプーン1杯分を取り分けて小さな器に入れ、水やお湯を2～5倍足して蒸したり、小鍋で煮れば、簡単に離乳食用のごはんができる。

んなに難しいことではありません。

赤ちゃん用のごはんなら、おちょこのような小さな器にお米と水を入れて、小さめのせいろで10分も蒸せばいいのです。何も一度に大量のお粥を作る必要はありません。柔らかさは水の量や蒸し時間で調整できます。おかずもつぶしたり、混ぜたりしないで、素材をそのまま蒸すというものなら、ほんとに手間いらず。ごはんとおかずが一度にできてしまうので、毎食ごとに作るのも苦になりません。「冷凍したお粥は食べてくれない」と嘆いていたお母さんたちにも、この作り方で1食ずつ作るようにアドバイスしたら、「おいしそうにちゃんと食べてくれるようになった」といいます。大人の取り分け食になるまでは、これで十分なのです。

また、冷めたものを再加熱するなら、蒸し器で蒸すのがいちばんです。固くなったごはんもふっくら炊きたてのように生まれ変わりますよ。

離乳食はお粥じゃなくてもいい

離乳食は一般的に、十倍粥《じゅうばいがゆ》や重湯から始めるとされます。十倍粥はお米に対して10倍の水を入れて炊いたもの。重湯は十倍粥の上澄みを漉したものです。

でも、「お粥をなかなか食べてくれない」と、離乳食のスタートからつまずいてしまうお母さんがたくさんいます。それも納得。赤ちゃん

の気持ちになったら、食べないのもよくわかるからです。お粥を漉した上澄みや水でのばしたごはんは、でんぷんの甘味も感じられず、決しておいしいとは言えないのではないでしょうか。お米などのでんぷんは、唾液に含まれるアミラーゼという消化酵素によってマルトース（麦芽糖）に分解され、はじめて甘味やおいしさを感じるものです。重湯や十倍粥では唾液と混ざる間もなく飲み込んでしまうため、おいしさにつながらないのです。

お粥にするのは離乳食を始めて最初の1〜2日だけ。その後はお粥でなくても、水分量の多い柔らかいごはんで問題ないと思います。

お米でもアレルギーを起こす子がいますので、最初は5倍ぐらいの水で炊いた薄めのお粥（全粥）を大さじ1杯ほど。大きな口を開けて食事に興味を示しているか、口をもぐもぐしているか、上手に飲み込めているか、食べた後に咳き込んだり、口のまわりや体が赤くなったり、かゆがったりしていないか、よーく様子を観察します。問題なければ次の日も同じ5倍くらいのお粥を大さじ1杯。**その後は、水の量を2倍ぐらいまで減らし、舌でつぶせるぐらい柔らかく炊いたごはんにします。**お母さんがごはんをすりこぎなどでつぶす必要はありません。つぶつぶが残っていてもいいのです。赤ちゃんでも動物の本能として、つぶつぶとしたものが入ってくると、口をもぐもぐ動かして、しっかり上あごと舌を使ってつぶしながら食べますから。赤ちゃんの舌でつぶせるぐらい柔らかいごはんなら、のどにつかえる心配もないですし、消化もいいので胃腸に負担をかけることもありません。「お粥は食べないけれど、柔らかいごはんなら喜んで食べる」という赤ちゃんは、とても多いのです。

大ちゃんもスタートは、4～5倍の水で炊いたお粥でしたが、すぐに柔らかめのごはんに移行しました。もちろん、ごはんをつぶしたことなどありません。お米からお粥を炊くのは、ことことと40～50分かかりますが、柔らかめのごはんなら鍋で15分もあれば炊きあがります。また、重湯や十倍粥を少量ずつ炊くのはどうしても無駄が出たりして難しいものですが、柔らかいごはんなら、小鍋や蒸し器で1回分ずつ作りやすいと思います。**離乳食はお粥ではなく、柔らかいごはんでいいと思えば、気持ちもずっとラクになるのではないでしょうか。**

ごはんのとり方

① 最初の1～2日

米の5倍の水を加えて炊いたお粥（全粥）

↓

② 3日目以降

米の2～3倍の水を加えて、舌でつぶせるぐらい柔らかく炊いたごはん

離乳食に たんぱく質はいらない

たんぱく質は赤ちゃんの体を作るうえで欠かせない栄養素です。市区町村などが行う一般的な離乳食指導でも、ささみや白身魚、豆腐、卵などのたんぱく質の豊富な食材が、離乳食の早いうちからすすめられます。**けれども、たんぱく質は腸内でスムーズに消化されないものが多いため、未熟な赤ちゃんの腸にとっては負担になりやすいのです。**

大人の腸内には、病原菌や細菌などの異物の侵入を阻止する強固な免疫システムがあります。ところが、赤ちゃんの腸は未熟なため、本来なら体に入ってほしくないものもフリーパスで通り抜けてしまいます。異物でもおっぱいでも何でも吸収してしまうのです。
赤ちゃんの腸壁を通り抜けて問題となるのは、たんぱく質です。他の動植物のたんぱく質は、人間のたんぱく質とは組成が違う異種たんぱく質であるため、きちんと消化されずに体内に入ると、異質なものとして「抗原」となります。すると、体はこれを排除しようとして免疫システムが働き、抗原に対抗する「抗体」を作ります。いったん抗体が作られると、次に同じたんぱく質が入ってきたときにも、これをすみやかに排除しようとして免疫反応が起こります。ときにこの免疫反応が強すぎたり、不適切だった場合、食品アレルギーを引き起こすことになるのです。

人が摂取するたんぱく質で、同種のたんぱく質は唯一、母乳だけです。牛のお乳である牛乳も、大豆のたんぱく質も人にとっては異種であり、抗原となるわけです。ただし、赤ちゃん用のミルクは、たんぱく質の抗原性を低減化しています。

レシピ

取り入れやすいたんぱく質ごはん

【炒り豆腐】

玉ねぎ、かぼちゃ、にんじん、戻した干ししいたけなど好みの野菜を小さく刻んで油で炒め、豆腐をくずし入れる。干ししいたけの戻し汁に塩少々を加えて炒り煮にする。

※離乳食が進んだら、みりんやしょうゆを加えても。

たんぱく質は母乳のほか、穀物や野菜からも十分に摂取できます。**たんぱく質の多い乳製品や大豆製品、卵、ささみ、白身魚などは、腸の働きが完成する1歳すぎまで与えないほうがいいのです。**

大ちゃんにも、1歳まではほぼ穀物と野菜と海藻のみでした。たんぱく質をとらないと成長に影響があるのでは、と心配されるお母さんもいますが、まったく問題なし。たんぱく質なしでも気力体力ともに十分、でっかく骨太に育ってきました。

1歳をすぎて腸の働きが十分になったら、しらすなどのまるごと食べられる小魚から少しずつ始め、豆腐や納豆などの消化しやすい大豆製品へと進めていくのがおすすめです。両親からの遺伝でアレルギーの心配のある子はとくに、たんぱく質の摂取は遅らせるようにします。消化器の機能が発達するまで、たんぱく質のとり方に注意すれば、アレルギー症状が出ることなく、乳幼児期を過ごせると思います。

レシピ

消化をよくするたんぱく質ごはん

【甘酒漬け鶏大根】

鶏もも肉を2〜3日甘酒に漬け込み、漬け汁にだし汁を足して大根と煮る。

※味付けは塩のみでもしょうゆを少々たらしても。微生物がたんぱく質の分解を助けてくれます。

子どもに砂糖は必要なし！

離乳食はもちろん、子どもにはあげたくないものが白砂糖です。**もしも子どもがキーキー叫んだり、夜なかなか寝付けなかったりしたら、**

それは白砂糖のせいかもしれません。

精製された白砂糖は「エンプティカロリー＝空の栄養」と言われ、ミネラルやビタミンなどの栄養素を取り除いた化学薬品のようなものです。糖質を分解してエネルギーに変換するためには、ビタミンB_1・B_2・B_6、ビオチン、マグネシウムが必要なのですが、白砂糖は一つも持っていません。そのため、体から奪っていくしかないのです。血液も酸性に傾けるため、これを中和するために骨からアルカリ性のカルシウムも奪っていきます。自然療法の第一人者である東城百合子さんは、「白砂糖は泥棒」と表現されていましたが、まさにその通り。白砂糖を食べれば食べるほど、ビタミンやカルシウムをはじめとするミネラルが奪われてしまうのです。**ことに、カルシウムは精神を安定させる作用があるため、不足するとイライラしたり、しくしく泣き虫になったりするのです。**

レシピ

砂糖なしでも甘い煮物
【肉なしじゃが】

鍋に薄切りにしたたまねぎを敷き詰め、食べやすく切ったにんじんとじゃがいもを重ねる。だし汁を鍋底から1㎝ぐらいまで加え、塩少々をふってふたをして弱火でじっくり蒸し煮にする。柔らかくなったらしょうゆをひとまわしする。

さらに、砂糖の主成分であるショ糖は消化のスピードが速いのも問題です。糖質には、糖類が単体で存在する「単糖類」、単糖類が2つ結合した「二糖類」、そして単糖類が十個以上から数千個結合した「多糖類」があり、さとうきびから作られる砂糖は二糖類に分類されます。

多糖類に属す穀物や芋類などの糖類は、分子がたくさん結合しているため、体の中でこれらが一つ一つ分解されて、ゆっくりと吸収されます。ところが、二糖類の砂糖（ショ糖）はくっついている分子が2つしかないので、摂取するとすぐに分解されて、急激に血糖値を上げてしまいます。甘いものを食べて幸福感や満足感を感じるのは、血糖値が上昇して気分が高揚するからです。

血糖値が急激に上昇すると、その後、増えすぎた血液中の糖分を減らすために、膵臓から大量のインスリンが分泌されます。**すると、今度はかえって低血糖を引き起こし、また糖分を欲するようになるという悪循環に陥ります。**これが砂糖の麻薬性です。実際に、糖分をとると脳内にβ-エンドルフィンが出て、麻薬中毒のような状態になり、甘いものをやめられなくなるということが実験でも明らかになってきました。**血糖値の急上昇、急降下を繰り返すと感情の起伏が激しくなり、ちょっとしたことで怒るようになったり、突然キーキー泣き叫んだり、キレやすくなったりするのです。**

また、多糖類は腸内の善玉菌のエサになるのに対し、二糖類である砂糖は悪玉菌の格好のエサとなり、腸内を悪玉菌優勢の状態にして、便秘や免疫力の低下を招きます。口の中の虫歯菌も砂糖が大好きなため、これをエサにして酸を作り出し、歯が溶けやすくなります。砂糖を食べすぎると虫歯になると言われるのも、エサが豊富なので虫歯菌が繁殖しやすいうえに、体内からカルシウムが奪われたり、酸によって歯が弱くなるからです。

レシピ

砂糖なしおやつ

【干し柿あんこ】

小豆に3倍の水を加えて火にかけ、柔らかくなるまで煮る。水が少なくなったら足し水をする。干し柿を細かく刻んで加え、水気がなくなるまで煮詰める。

食後のデザートはいらない

薬膳の視点でみると、砂糖は体を冷やす性質なのも厄介です。甘味のものは組織を緩める作用がありますが、とくにショ糖のかたまりである砂糖はその性質が強く、血管や筋肉が緩んで収縮力が弱くなり、血液の流れが悪くなるからです。また、水分を引き止める作用もあるため、体の中に余分な水分がとどこおって体を冷やす一因となります。甘いものを食べすぎるとむくみやすいのもこのためです。昔から、おしるこに塩昆布が添えられていたり、スイカに塩をふって食べたりす

る習慣がありますが、これは塩や昆布が腎臓の働きを助けて尿の出を促す作用があるため、甘味の取りすぎによるむくみを防いでくれます。**離乳食のうちは白砂糖はもちろん、甘味料をとる必要はないと思います。**精製された白砂糖だけでなく、グラニュー糖やざらめ糖、氷砂糖、三温糖、和三盆なども、その成分の90％以上はショ糖ですから、白砂糖とほぼ同じです。大人も甘味はみりんで十分。おやつを手作りするときも、多糖類である野菜や穀物の甘味を生かして作りましょう。

離乳食期から清涼飲料水やジュースを水代わりに飲んでいる子も見かけますが、これらには白砂糖や、それよりも血糖値上昇の激しいブドウ糖果糖液糖が含まれているものが多くあります。ひっきりなしに甘い飲み物を飲んでいると、血糖値が十分にあるので空腹を感じなくなり、3食のごはんが食べられずに、大切な栄養が不足していきます。**離乳食やごはんを食べないという子や疳の虫が気になる子はジュース断ちも必要です。**

甘味料のGI値

GI値とはグリセミック・インデックスの略で、血糖値の上昇速度を数値化したもの。数値が高いほど血糖値の上昇速度も早くなる。

オリゴ糖…10
果糖…22
アガベシロップ…46
はちみつ…30〜65
（※良質なものは果糖の割合が多く、GI値も低くなる）
てんさい糖（ビート糖）…65

本来、正直な子どもの味覚も満腹中枢も、砂糖にはだまされがちです。お腹がいっぱいでも、「甘いものは別腹」と甘いお菓子は食べてしまいます。スイーツでなくても、市販の加工品や総菜などにも、たっぷりと白砂糖が使われています。外食でも、甘味には白砂糖が使われていることがほとんど。気をつけていても、知らず知らずのうちに砂糖をとっている可能性があるのです。**だからこそ自宅では、料理には砂糖を使わない、おやつに甘味の多いものは与えない、食後のデザートも用意しない、と徹底するようにしましょう。**おやつを手作りするときも、できるだけ体への負担の少ないものを選ぶようにしたいものです。

メープルシロップ…73
黒砂糖…99
三温糖…108
上白糖…109
氷砂糖…110
グラニュー糖…110

甘味料を使うなら…

おすすめは米あめや甘酒、ドライフルーツ、1歳以降なら良質な天然のはちみつです。これらはオリゴ糖などの糖類のほかに、ビタミンやミネラル、食物繊維、アミノ酸、酵素などの成分が含まれ、複合的に栄養素をとることができるのが利点です。はちみつやドライフルーツは単糖類になりますが、主成分の果糖は一部しかブドウ糖に変換されないため、血糖値を上げにくい性質です。米あめは約60%が麦芽糖ですが、多糖類に分類される食物繊維のデキストリンが多く含まれ、血糖値上昇抑制効果があるとされます。甘酒は約80%がブドウ糖のため吸収速度は速いのですが、「飲む点滴」と言われるほど栄養価が高く、また麹菌や酵素、細胞の酸化を防ぐ麹酸を含み、発酵食品としてのメリットを得られます。砂糖大根というアカザ科の野菜から作られる甜菜《てんさい》糖は善玉菌のエサとなるオリゴ糖が豊富で、血糖値の上昇も砂糖に比べてゆるやかなのが魅力です。ただし、ショ糖が主成分であり、病害虫に弱く、農薬や除草剤を大量に必要とすること、海外産の甜菜糖は遺伝子組み換えの可能性が高いことが気になります。ほかにも、メープルシロップやアガベシロップ（メキシコのリュウゼツラン、英語名ではアガベから採れるシロップ）などの甘味料もありますが、わざわざ外国から輸入してまで糖分をとる必要はない、というのが私の考えです。

何をどう食べさせていくか

具体的に離乳食ではどんなものを食べたらいいのでしょうか。お粥だけの時期をすぎると、いろいろなものを食べさせてあげたいと思いますが、初めて口に入れるものばかりですから不安になりますし、慎重にもなりますよね。

でも、日本人の歯の生え方や腸の形状、腸内細菌、消化酵素の種類から考えると、おのずとどんなものを食べればいいかわかります。

穀物5：野菜3：たんぱく質（豆肉魚卵）1：海藻類1が理想的です。つまり、昔ながらの和食がいちばんということです。

今は、とくに外食ではたいてい肉料理や魚料理が主菜でもっとも多く、ごはんがその次、野菜は少量というバランスになりがちですが、**主食が半分、主菜は野菜で、肉や魚は副菜としてちょっと、プラス海藻という献立が日本人にとってベストなのです。**これは離乳食でも大人のごはんでも同じです。

離乳食を進めるときも、この順番に食べていくのが負担が少ないと思います。進めるタイミングは、その子の歯の生え方や舌やあごの動かし方、食べっぷり、便の状態などを見極めながら、ゆっくり進めていけばいいと思います。小松菜やほうれん草などの葉ものがうまく食べられないようだったら、もっと細かく刻んだり、すりこぎでちょっとつぶしてあげればいい、うんちにひじきが出てきてしまうようだった

離乳食の基本的な進め方例

離乳食を始めて１～２日目　五倍粥（全粥）

↓

離乳食を始めて３～４日目ぐらい～
舌でつぶせるぐらいの柔らかいごはん

↓

離乳食を始めて１週間目ぐらい～
舌でつぶせるぐらいの柔らかいごはん、
味噌を加える前の味噌汁の上澄みや野菜の汁物

↓

あごをよく動かしてつぶせるようになったら
舌でつぶせるぐらいの柔らかいごはん、
さつまいもなどの芋類を蒸したもの、
にんじんやかぼちゃなどの野菜を蒸したもの

↓

腸のバリア機能が整う１歳ぐらい～
柔らかいごはんにしらすを加えたもの、
小松菜などの青菜を刻んで蒸したもの、
海藻や野菜を蒸したものや温豆腐など

↓

少しずつ種類を増やし、
穀物５：野菜３：たんぱく質（豆類・魚類・肉類・卵）１：海藻類１
のバランスを作っていきます。

ら、次回はもっと細かく刻んで、柔らかめに蒸してあげればいい、そうやって赤ちゃんの様子を見ながら進めていきます。

大ちゃんは7ヵ月で全粥から始めましたが、3日目ぐらいには柔らかいごはんと野菜のスープに。8ヵ月をすぎた頃には前歯が4本生えていたので、芋類や野菜を柔らかく蒸して固形のまま与えるようになりました。ときには、にんじんがそのままうんちに出てきてしまったり、うんちがゆるくなったりすることもありましたが、様子を見ては行きつ戻りつ進めました。

たんぱく質のしらすや豆腐を追加したのは1歳すぎ。それまではお米と芋と野菜だけ。味付けもほぼしません。魚や肉類をちょこっとつまませるようになったのは1歳半ぐらいから。**2歳をすぎて、大人とほぼ同じようなものが食べられるようになっても、穀物5：野菜3：たんぱく質1：海藻類1のバランスは保つようにしています。**

よだれをいっぱい出すごはん

赤ちゃんのトレードマークであるよだれですが、「うちの子はまったくよだれが出ないんです」「よだれかけ1枚も使わなかった」という声を、最近よく聞きます。

あごや頬の筋肉が発達して、早くからよだれを飲み込めているならすばらしいことです。また、きちんと鼻呼吸ができていれば口が自然に閉じるので、よだれも出なくなります。ただ、よだれは流さなくても、

唾液がしっかり出ることはとても大切です。

唾液は食べものを飲み下すときの潤滑剤として働いたり、唾液中のアミラーゼやリパーゼという消化酵素が消化を助けてくれます。とくに腸の未熟な赤ちゃんにとって、唾液は多ければ多いほど消化の負担が減ります。また、唾液にはリゾチームやラクトフェリンなどの抗菌物質や免疫物質がたくさん含まれ、口の中を清潔に保って虫歯菌の繁殖を抑えたり、細菌やウイルスが侵入するのを防いでくれます。風邪やインフルエンザなどのウイルスは乾燥した環境を好むため、口の中の湿度が高ければ、これらの増殖を防ぐことができるのです。昔から、子どものちょっとしたすり傷などには「つばでもつけておきなさい」と言いますが、とても的を射ているのです。

ごはんやお芋が甘く感じられるのも、唾液のなせるわざ。食べもののでんぷんが唾液中のアミラーゼと反応して、ブドウ糖やオリゴ糖などの糖類に変わるため、甘く感じられるようになるのです。よく噛まずにすぐに飲み込んでしまうと、甘味が感じられないため、好き嫌いにも影響を与えるのではないでしょうか。

唾液の分泌を促すためにも、離乳食期からよく噛む習慣をつけたいものです。でも1、2歳の子どもに、よく噛んで食べるようにと言ってもなかなかできないもの。大ちゃんを見ていてもよく思います。口いっぱいに食べものを詰め込んで、のどをうっと詰まらせながら飲み込むのが関の山。だから、柔らかいものや食べやすいものばかり与えていると、噛む習慣はなかなかつきません。

ゆっくり噛んで食べなさいと言ってもなかなか聞かない子どもには、噛まないと食べられないものを与えるのがおすすめです。切り干し大根や昆布やわかめ、ちりめんじゃこ、桜えびなど。こういう乾物を戻さ

ずに、そのまま食べさせるのです。乾物は、おやつにも最適です。切り干し大根は噛めば噛むほど甘くなりますし、昆布やわかめは、適度な塩気があとを引き、噛めば噛むほどうま味が出てきます。教室や自主保育などで家に来た子どもたちに乾物を与えると、こりこり、くちゅくちゅ、しばらくじーっと噛んでいます。その間はしーん。賑やかだった子どもたちが静まり返るのもおもしろいですよ。

離乳食の初期でも、スープのようにただ飲み込めばいいものだけでなく、歯茎や舌でつぶしたり、前歯で噛んだり、あごを動かすようなものを少しずつあげてみてください。とくにミルクの子は吸う力をあまり必要としないため、あごの発達が遅く、唾液の分泌も少なくなりやすいので、離乳食ではできるだけあごを使うようにしましょう。そして、おいしい！　と感じると、唾液がどんどん分泌されますから、「これ、おいしいねー」と言いながら食べるといいと思います。

レシピ　よだれを出すごはん

にんじんの青のり和え

［材料］（親子3人分程度）
にんじん10cm長さ程度、
青のり適量

［作り方］

❶　にんじんはせん切りにして子どもの成長に合わせて固めにゆでる。

❷　①を青のりで和える。

※ 離乳食が進んだ子や大人向けには、塩やしょうゆ少々を加えてもよいでしょう。

さつまいもと昆布の煮物

［材料］（親子3人分程度）
さつまいも1本、昆布4cm長さ1枚、
だし汁150mℓ、塩少々

［作り方］

❶　さつまいもは輪切りにする。昆布は細切りにする。

❷　鍋に①とだし汁、塩を加えて中火弱にかけ、ふたをして柔らかくなるまで煮る。

※ 離乳食が進んだ子や大人向けには、仕上げにしょうゆをひとまわししてもよいでしょう。

うんちが出るごはん

便秘の相談もよく受けます。母乳やミルクだけだったときは、1日に2~3回出ていたうんちが、離乳食を始めたとたん、2日に1回になったとか、なかには1週間に1回、浣腸をしてようやく出る、という子もいます。
「一時的に母乳やミルクの飲みが落ちて、便の水分量が不足するために便秘になる」「離乳食初期は、うんちのもとになるカスが少ないから便も出ない」などと言われたりしますが、いきなり離乳食中心になる

わけではないので、母乳やミルクはしっかり飲んでいるはずです。にもかかわらず便秘になるのは、腸内環境がまだ食べものの消化吸収に対応できていない証拠。米や野菜などの食べものが入ってきたものの、腸が未熟なためにきちんと消化できず、しかも分解できずに残った食べものを出せるほど、腸が動かないために便秘になると考えられます。

なかなかうんちが出ないときは、離乳食をストップするか減らして、とにかく母乳やミルクを増やすこと。食べる量が少ないから出ないのかと、**離乳食を増やすのは逆効果。**働きの弱い腸の中で、よけい詰まってしまいます。**離乳食を始めたのに、後戻りするのは不安かもしれません。でも、赤ちゃんの腸はとても未熟だということを頭において、1歩進んでは2歩下がるぐらいのペースでゆっくり進めましょう。

そして、うんちの出やすい離乳食を心がけましょう。それはすなわち、**穀物や野菜、きのこ、海藻などの食物繊維たっぷりの和食です。**

食物繊維はビフィズス菌などの善玉菌のエサとなって善玉菌が優位に働く腸内環境を作ってくれます。善玉菌は、腸内で乳酸や酢酸を生成して腸内を酸性に保ち、悪玉菌の繁殖を抑えてくれるのですが、この酸の刺激には腸の蠕動《ぜんどう》運動を活発にする作用があり、排便を促してくれるのです。食物繊維には水に溶けずに便となってかさを増やす不溶性の食物繊維と、水に溶けてゲル状になる水溶性の食物繊維がありますが、赤ちゃんには水溶性食物繊維がおすすめです。本来は、水溶性と不溶性の食物繊維を1対2の割合でとるのが理想的ですが、腸の働きが弱い赤ちゃんが不溶性食物繊維を取りすぎると、便がかたくなってかえって便秘になる可能性があるからです。不溶性食物繊維は水溶性食物繊維の多い食材には一緒に含まれているため、自然にとれますから、赤ちゃんの場合はそれほど意識して多くとらなくてもいいでしょう。

水溶性の食物繊維が多い食材は、大麦(押し麦)などの雑穀やきのこや海藻など。これらを消化しやすい形で柔らかくして与えましょう。

レシピ

うんちが出るごはん

[いろいろきのこ炒め]

2〜3種類のきのこを食べやすい大きさに切って、ごま油で香りが出るまでじっくり炒め、しょうゆをひとまわしする。

※複数のきのこを合わせると味や食感に広がりが出ます。

べたべたぎとぎと手づかみのすすめ

1歳ぐらいになると、何でも手づかみで食べたがるようになります。もうべたべた、ぎとぎとでお母さんはやきもき。できるだけ早く、スプーンやお箸を使って食べてほしいと思いますよね。

でも、私は手づかみ大歓迎。子どもは手をいっぱい使って食べることで、多くのことを学んでいくからです。たとえば、炊きたてのごはんがアツアツだってこと。手にくっついてべたべたになるってこと。ごぼうは固く、豆腐は柔らかく手ではつかみにくいこと。こういう一つ一つのことを感じることが大切だと思います。

何より自分の手でつかんで食べるということは、お母さんにスプーンで食べさせてもらうこととは、食に向き合う姿勢がまったく違います。**それを「あちこちこぼすから」「テーブルが汚れるから」という理由で毎回、子どもの手を払いのけ、スプーンで食べさせてしまったら、食べる意欲や興味を奪ってしまうことになります。**

とくに畑で野菜に触れたり、お手伝いをする機会のない子は、食べものに直接触るチャンスは食べる瞬間しかないと思います。そういう子こそ、しっかり手で触って食べるといいと思います。これも五感を養う経験の一つ。いずれ成長すれば、食材や食べものに触る機会も出てくると思いますが、**脳の神経も手指の感覚も感受性も、すべてがめまぐるしく成長する0歳から3歳ぐらいまでの時期に、ぜひとも手で触って食べる経験を十分にさせてあげたいと思うのです。**

手指を使って食べるのはけっこう神経を使うもの。お豆腐のように

レシピ

手づかみごはん

【じゃがいももち】

じゃがいもをすりおろし、ねぎ、にら、ピーマンなどの火の通りやすい野菜を細かく刻んで加え、塩少々で味付けしてフライパンで焼く。

※味付けは塩のみでもしょうゆを少々たらしても。

柔らかいものを手でつかむのはなかなか難しいことですし、小さな豆を1粒ずつ落とさないように食べるのも、指先の神経が発達しないとできません。この瞬間、脳の運動野や感覚野がびんびん刺激されて活性化しているはずです。

「うちの子は全然スプーンを使ってくれないんです」「義母にお行儀が悪いと叱られる」と相談されたりしますが、「まずはしっかり手指で感じることこそ重要なので、堂々と手づかみ食べをさせてください」とお答えしています。**いずれ食べものが熱いとか、油でべとべとしてイヤだと思うようになれば、スプーンやフォークは自然に使うようになりますから。手づかみのメリットがわかれば、後ろめたさもなくなると思います。**お箸は存分に手づかみ食べをしてから覚えれば十分です。お箸の持ち方がしっかり理解できて、それと同時に指先が動くようになったら、自然に正しい持ち方が身に付くと思いますから。

おやつは米や芋・乾物でいい

1歳半ぐらいになると、活動量が増えて、食べる量もどんどん多くなります。3回の食事だけでは足りずに、朝の10時頃と午後3時頃に決まっておやつを欲しがるようになります。子どもの腹時計は正確ですね。大ちゃんも「お腹すいた」「まだなんか食べたい」が口癖です。
とはいえ、安易にお腹を満たすものを食べさせて、3度の食事に影

響を与えたりしたら本末転倒。砂糖類や油分、塩分の取りすぎにも気をつけなければなりません。

でも、難しく考えることはないと思います。おやつこそシンプルがいちばん。おにぎりでいいのです。朝、多めにごはんを炊いておいて、おやつ分のおにぎりを作っておけば、お腹がすいたときに食べさせることができます。ゆかり入り、しらす入り、おかか入り、青菜入りなどなど、おにぎりこそバリエーション豊富に、毎日変化を楽しめます。

それ以外なら、ふかしたさつまいもやじゃがいも、干し芋や干し柿、ゆでたとうもろこし、ゆで豆、せんべいなどの穀物や芋類、野菜、豆類のおやつがおすすめです。前述したように切り干し大根や乾燥わかめなどの乾物も、子どもたちは大好きです。これらは食物繊維やビタミンなどの栄養素も豊富で、砂糖や脂肪分、塩分などを気にすることなく与えることができます。おやつも日本人の体質に合わせて、穀物や野菜、海藻中心でいいのです。

果物も早くからあげないほうがいいと思います。皮をむけばすぐに食べられ、甘くて満足感も得やすいため、おやつとしてはラクかもしれません。酵素やビタミン、ミネラルなどがとれるのも魅力です。反面、果糖や水分が多いため、糖分のとりすぎになったり、体を冷やす性質のものが多いのも考えものです。

昔は、離乳食を始める前から、水分補給として果汁を飲ませたりしていたようですが、早くから甘さに慣れさせる必要はないと思うのです。**離乳食の定番とされるバナナもおすすめはしません。もともと日本の気候風土には合わない熱帯の果物ですから、ほとんどが輸入品で、体を強く冷やす性質だからです。**

1歳半をすぎれば、市販の和菓子やケーキなどにも興味を持つようになると思います。兄や姉がいたら、なおさら早くからこうしたおやつに触れる機会も多いでしょう。でも、**お母さんやお父さんがブレない確固たる信念を持つこと。お団子やおまんじゅうなどの和菓子は2歳以降になってからたまに。ケーキやクッキーなどの横文字お菓子は3歳以降のイベント時だけ。**添加物やトランス脂肪酸の多い市販のスナック菓子類は、年齢に関係なく食べさせないという気概でがんばりましょう。親がどんなに徹底していても、祖父母やお友達、近所の方などからいただいたりして、口にしてしまうこともありますから。だからこそ、家では食べさせないと決めたいものです。そうしないとどんどん入ってきてしまいます。

和菓子やケーキなども手作りすれば、甘味を入れずに作ったり、砂糖や油の種類を変えたり、量を減らしたりすることができます。簡単にできるものでいいので、ぜひ手作りして安心できるおやつを与えたいですね。

レシピ おやつ

おからクッキー

［材料］（作りやすい量）
生おから100g、レーズン30g、
オリーブオイル15〜20g

［作り方］
❶ すべての材料をよく混ぜ合わせる。
❷ 好みの大きさに丸めてから平たくし、170℃のオーブンで15分ほど焼く。

かぼちゃプリン

［材料］（作りやすい量）
かぼちゃ100g、
豆乳100mℓ、葛粉大さじ1

［作り方］
❶ かぼちゃは柔らかく蒸し、豆乳と合わせてフードプロセッサーでなめらかになるまで攪拌する。
❷ ①と葛粉、好みで米あめを鍋に入れて中火にかけ、とろみが出るまでよく混ぜながら加熱する。
❸ 熱いうちに容器に流し入れて冷やし固める。
※ 冷やしすぎないように食べる前に常温に戻しましょう。

冷たいものは食べたり飲んだりさせない

赤ちゃんは〝赤〟の字がついているように、真っ赤な熱のかたまりです。薬膳では、すべてのものを陰と陽に分けて考えますが、赤ちゃんはまぎれもない陽性、〝純陽〟の存在です。平熱も37℃ぐらいと高いのですが、1時間に数億個の細胞が増殖しているため、これだけの体温が必要なのです。熱のかたまりのような赤ちゃんですから、熱いもの

は苦手。冷たい食べものや飲みものを好むのも当然と思うかもしれません。**でも、だからと言ってしょっちゅう冷たいものを口にしていると、胃腸の働きは悪くなって消化力が落ち、免疫力も低下します。とくに胃は冷えや湿気が大嫌いな臓器なのです。**

私たちの体の内臓温度は、38℃前後と言われています。そこに冷蔵庫で冷やされた5℃のジュースが入るとどうでしょう。その差は33℃。胃腸が急激に冷やされ、血液の流れが悪くなって消化吸収力が低下します。体の中心にある胃の温度が下がると、血液が胃に集まって必死で元の温度に戻そうとします。1℃胃の温度が下がった場合、元に戻すのにおよそ4〜6時間。その間、胃の消化機能がほとんど働かないといいます。すると、うまく消化されない飲食物が腸に達するようになり、胃腸の未熟な赤ちゃんにとっては大きな負担となって、便秘や下痢、そしてアレルギーの一因となるのです。

現代の日本社会は、体を冷やすものがいっぱいあります。冷蔵庫から出したばかりのジュースや牛乳にアイスクリーム。世界的に見ても氷の入った水を飲むのは日本くらいだと言われます。大人の胃腸でもびっくりするようなものを子どもに与えたら、未熟な胃腸の働きがさらに悪くなってしまいます。そしてこれが習慣化されると、純陽なはずの赤ちゃんでも低体温になります。冷たいものを頻繁にとっていると、胃を温めるために多くの血液が使われるため、なかなか体温が上がらず、やがて低体温になっていくのです。免疫力がいちばん活性化するのは37℃。体温が1℃下がると免疫力は40％も低下するため、低体温になるとさまざまな病気にかかりやすくなってしまいます。

赤ちゃんが生まれてからずっと飲んでいるのは、36・5℃の体温に近い母乳です。離乳食を始めてからもこれが基準でいいのです。冷たいものを与えるから、純陽な存在の赤ちゃんや子どもは飲みたがるのです。できれば体温に近いものから、常温までのものをとる習慣を身に付けましょう。
もしも冷たいものをとるなら、一気にガブガブ飲むのではなく、一口ずつ口に含んで、もぐもぐさせてから飲み込むようにさせましょう。口の中が冷えて落ち着くだけでなく、体温との温度差が減って内臓への負担が和らぎます。

レシピ

常温でも体の熱を冷ましてくれるドリンク
【なしのすりおろしジュース】

なしをすりおろしたり、ミキサーなどにかけてジュースにする。
※スイカやメロンも同じ作用があります。

3章

アレルギーを起こさない離乳食

日本人の2人に1人は悩まされているというアレルギー。
赤ちゃんや子どもが初めて口にするものは、
湿疹やかゆみが出ないかと本当にドキドキするものです。
離乳食を始める前に、アレルギーを起こさない食べ方を
身に付けましょう。

アレルギーから逃げられないの？

現在、乳幼児の病気のなかでもっとも多いのがアレルギー疾患といいます。ひと口にアレルギー疾患と言っても、食物アレルギー、アトピー性皮膚炎、気管支ぜんそく、アレルギー性鼻炎、じんましんなどいろいろあります。

厚生労働省の調査によれば、全人口の2人に1人は何らかのアレルギー症状があるといいます。小児ぜんそくは2010年までの20年間で約3倍に、アトピー性皮膚炎は減少傾向にあるものの、4ヵ月〜6歳までの約12%に認められるそうです。

私が主宰している自主保育でも、子どもたちの半分ぐらいに食物アレルギーや気管支ぜんそくがみられ、アレルギーを抱えた子が本当に多いと実感します。きっと「自分が子どもの頃は、こんなにアレルギーの子はいなかったのに」と思うお母さんも多いのではないでしょうか。なぜこれほどアレルギーが増えたのでしょうか。

私たちをとりまく環境は、ここ30〜40年で大きく様変わりしています。住まいは機密性が高くなり、夏は冷房、冬は暖房で年中快適に過ごせるようになりました。昔の木造建築のようにすきま風が吹き込んだり、土埃や虫が自由自在に入り込んだりすることもなくなりました。でも反面、通気性が悪く空気がこもり、ダニが年中住みやすい環境を作ることにもなりました。気管支ぜんそくの子どもたちを調べると、95%がアレルギー性で、なかでもダニがもっとも多いアレルゲンとなっているそうです。

食環境はどうでしょうか。スーパーには色も形も美しい野菜が季節を問わず並んでいます。誰がどのようにして作ったのかわからないお惣菜やチンすればできてしまう加工食品で、家族の食卓を飾ることもできます。コンビニでは24時間、お弁当もパンもスイーツも手に入ります。アミノ酸という魔法の粉を振りかければ、どんな料理もおいしくすることができます。

排気ガスやダイオキシン、PM2・5、放射性物質など大気汚染の問題もなくなるどころか、年々深刻さを増しています。衣類や寝具に使われる化学繊維、シャンプーや洗剤に含まれる化学成分も常に取り込まれています。

簡単。便利。清潔。長持ち。こうした利点を追い求めた結果、日本は世界一の添加物大国になったのです。そうして自然環境からも自然のリズムからも切り離された不自然な暮らし方をよしとするようになりました。そのしっぺ返しが、アレルギー反応として出ているとしか思えません。食、住、衣、環境すべてが乳幼児のアレルギー疾患の発症に少なからず関与しているのです。**「卵アレルギーだから卵だけ排除すればすむ」「ダニさえ掃除機で吸い取ればすむ」という一面的な捉え方ではなく、もっともっと大きな視点で、今のこの日本の生活環境というものを見直していかなければならないと思います。**お母さんたちの一人一人の働きかけや暮らし方をチェンジすることで、変えていくしかないと思うのです。

卒乳はゆっくりと、で大丈夫

食物アレルギーを防ぐには、離乳食の開始をゆっくりしたほうがいいとお話ししたように、卒乳（離乳）の時期もゆっくりでいいと思います。**健診などでは、「虫歯の危険性があるから、早く断乳するように」「赤ちゃんから早く幼児にしてあげて」と指導されたりしますが、急ぐ必要はありません。**離乳食が進んでも、お母さんのおっぱいが十分に出ているようなら、飲みたいだけ飲ませてあげればいいと思うのです。母乳にはアレルギー反応を抑える免疫物質が含まれるからです。

私たちの腸の粘膜は、ＩｇＡ（免疫グロブリンＡ）という抗体に守られています。このＩｇＡが腸管粘膜に分泌されることで、異物をキャッチして腸管からの吸収を阻止しているのです。

　ＩｇＡ抗体は、生まれたときにはほとんどゼロですが、母乳によって補給されます。とくに初乳にはとても多く含まれ、自力で作れるようになるのは７ヵ月頃からと言われます。そのため、ＩｇＡの生成能力が不十分な時期に離乳してしまうと、異種たんぱく質が腸管から吸収されて、食物アレルギーを起こしやすくなります。離乳食が食べられるようになったからと言って、母乳を減らしたり、断乳したりするのはリスクが高いわけです。

　ＩｇＡ抗体を作る機能は、成長とともに発達し、３、４歳になると十分な量が供給できるようになります。それに伴い、この頃になると乳幼児の食物アレルギーも減ってきます。ですから、離乳食は遅く始めるほうがよく、アレルゲンとなりやすいたんぱく質の摂取も控えるほうが安全なのです。

大ちゃんの卒乳は2歳と1ヵ月でした。頭と体は一体ですが、「2歳になったからそろそろおっぱいやめてもいいかなあー」と思っていたら、自然と分泌量が減ってきたので、やめどきと判断しました。大ちゃんにも「おっぱい出なくなってきたから、そろそろやめようかー」と何度か話をしたら、そのたびに「やだー」と泣くものの、抱っこしたり、手を握っていれば、案外あっさり寝てしまいます。そんなやりとりを数回繰り返すうちに、すんなり卒乳できました。よく3日3晩泣き続けたとか、おっぱいに辛子を塗ったなどという話を聞いていたので覚悟していましたが、我が家ではお互い納得のもとに卒乳できました。

腸管の免疫を考えても、断乳の苦労を考えても、子どもが納得できる年齢まで離乳を遅らせたほうがいいと思います。

卵、牛乳、小麦は先延ばしに

アレルゲンとなるのは消化の不十分な異種たんぱく質です。ところが、日本にはたんぱく質信仰があります。たんぱく質は筋肉や臓器、酵素や抗体などの原料となる必須の栄養素で、たしかに不可欠です。でも、私たちの体はたんぱく質でできているからたんぱく質をとればいいというのは早計で、逆に体の負担となることもあるのです。

たんぱく質のなかでも乳幼児の食物アレルギーの原因となるのは、1位が卵、2位が牛乳、3位が小麦です。この3つは「3大アレルゲン」と呼ばれ、3歳以下の子どものアレルゲンのほとんどを占めます。

たんぱく質は、たくさんのアミノ酸が鎖のようにつながった構造をしていますが、多くのたんぱく質は加熱するとこの鎖がほぐれたり、消化酵素プロテアーゼによってバラバラに分解されます。ほぐれたりバラバラになったものに免疫システムは反応しないため、アレルギー症状は発症しません。ところが卵や牛乳、小麦は特別に消化しにくいたんぱく質なのです。

たとえば、卵白の「オボムコイド」というたんぱく質は、結合が強固で鎖ががっちりとくっついているため、多少加熱したぐらいではほぐれにくい性質です。さらに消化酵素プロテアーゼの働きを阻害する作用もあるため、ちょっとやそっとでは分解されない、手ごわい存在。そのため未消化のまま腸管から吸収され、卵アレルギーになってしまう赤ちゃんがとても多いのです。
牛乳や小麦のたんぱく質も同様に、加熱しても分解されにくく、アレルゲン性が低下することはありません。ただし、味噌やしょうゆに含まれる小麦は、発酵過程でたんぱく質が分解されるため、アレルゲン性はないとされます。

3大アレルゲン以外では、魚卵、ピーナッツ、甲殻類、果物類などが乳幼児のアレルゲンとなります。

かつては3大アレルゲンの一つと言われていた大豆ですが、現在はごくわずかです。大豆のたんぱく質は加熱や発酵などの加工処理でアレルゲン性が低下するためです。
アレルゲンとなる消化のしにくいたんぱく質は、腸のバリア機能やたんぱく質分解酵素が十分に分泌されるようになる1～2歳になってから口にすれば、アレルギーは防げる可能性が高くなります。3大アレルゲンを含むケーキなどはできるだけ先延ばしにしたいものですね。

ごまアレルギーはあなどれない

ここ数年、増えているのがごまのアレルギーです。良質なたんぱく質が豊富に含まれ、その量は100g中約20gと肉や魚並み。これが深刻なアレルゲンとなっていて、2013年には消費者庁がアレルギー表示を「推奨する品目」にごまを追加しました。

卵や乳製品などは一般的に、3歳頃までに耐性ができてアレルギーがおさまることが多いのですが、ごまは一度抗体ができるとなかなか軽減することはなく、ピーナッツやそば同様、急激に激しい症状が表れるアナフィラキシーショックを起こしやすい食品の一つとされます。

アレルギーが増えている理由は、健康食品としての人気が高いことから、ごま油やごまそのものの摂取量が増加したこと、乳幼児にとってもメリットの大きい栄養素が多いことから、離乳食期の早いうちからごまを摂取していることなどが要因とされます。**でも、単に摂取量や与える時期の問題だけではなく、ごまの質の問題も大きいと思うのです。**

日本人が消費する約99％のごまは輸入ものです。殺虫剤や除草剤などがどのくらい使用されたのか知る由もありません。市販の炒りごまやすりごま、練りごまは加工してから時間がたっているため、酸化している可能性もあります。また、最近の一般的なごま油は、高圧プレスで一気に油を搾り出して大量生産するため、圧搾時に摩擦熱が生じ、油が焦げて色や香りが濃くなってしまいます。それを取り除くためには脱臭脱色などの精製が必要になり、その過程で油が酸化して過酸化脂質ができ、アレルギーの引き金となるのです。

レシピ

ごまのおかず

【かぼちゃのごま和え】

かぼちゃは柔らかく蒸して粗くつぶす。生ごまを炒ってからよくすり、塩を加えてかぼちゃを和える。

小児アレルギー学会などでは、すりごまや練りごまではなく、炒りごまをそのまま摂取すれば、ごまは殻が固いので消化されずに便に出て、アレルギーを起こしにくいとされます。でも反面、せっかくのすばらしいごまの栄養や薬効を取り入れることもできません。

ごまをとるなら「いいものを消化しやすい形でとる」というのが本来の健全なとり方だと思います。**無農薬の生ごまを購入し、食べる直前に炒って、消化しやすいようにしっかりすって食べる。ごま油も摩擦熱による酸化の心配のない、低温圧搾法（コールドプレス）のものを選ぶ。**これがアレルギーを起こしにくい食べ方ですし、ごまのメリットを十分に生かしたとり方です。もちろん本来消化しにくいものですから、腸のバリア機能が発達してから与えるようにしましょう。

おすすめごま油

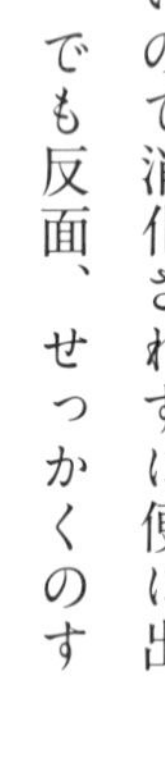

玉締め絞り胡麻油／関根油店
（☎03-3356-1764）
江戸時代から続く玉締め絞り製法でゆっくりと搾り、和紙で2日間かけて漉した、透明な琥珀色の油は、酸化しにくくオールマイティに使えます。

小麦粉は怖い！

3大アレルゲンの一つ、小麦が原因のアレルギーも年々増えています。アレルギー疾患の一種セリアック病は、小麦に含まれるグルテンが原因で、自分自身の小腸の内壁を破壊してしまう自己免疫疾患ですが、アメリカでは1980年以降患者数が急増し、社会問題になっています。

小麦粉のたんぱく質、グルテンには、人の消化酵素では分解できない結合部分があるため、腸内に未消化で残りやすいのです。さらに粒子が細かく、水を吸うと粘着性が高くなる特性があるため、小腸の細かいヒダにべったりくっついて腸の機能を低下させることになります。

グルテンは依存性が高いのもやっかいです。**実際に、グルテンが胃で分解されてペプチドになると、その一部は脳内で麻薬のような作用をすることがわかっています。小麦を食べると麻薬のように快感を覚えてハイになるのです。**中毒性も強く、食欲を過剰に増進させます。パンやクッキーなどの粉ものを食べると次々に欲しくなったり、習慣性がついたりしますが、これもグルテンに依存性があるからです。

最近の小麦粉が、品種改良されすぎていることも根本的な問題です。アメリカではかつて食べていた小麦品種は、すでに存在しないそうです。現在の小麦は、化学物質や放射線を使って突然変異を起こしたもので、科学者によっては、遺伝子組み替え小麦よりも危険だと言われています。日本は小麦の全消費量の約85％を輸入に頼り、そのうち60％をアメリカ産が占めています。

レシピ

小麦粉なしお好み焼き

【長芋のふわとろ焼き】

長芋をすりおろし、せん切りキャベツ、海苔、しらす、米粉、塩を加えてよく混ぜ合わせ、油をひいたフライパンで焼く。かつおぶしをかけ、しょうゆをひとまわしして。

国内で流通している小麦も、「国産小麦100%」と明記されていない限り、すべてこの突然変異種です。調味料やスナック菓子などの加工品も、ほぼこの突然変異小麦を使っていると思ってください。

小麦粉はパンはもちろん、ケーキやクッキー、うどんやてんぷら、パスタなど、さまざまな食べものに使われています。「地粉」と呼ばれるうどん粉は、昔からある国産小麦粉でグルテン量は少ないのですが、それでも含むことに変わりはありません。

小麦を食べると胃がもたれる、なんだか調子が悪い、下痢をする、背中や二の腕にブツブツができるという人は、アレルギーでなくても小麦過敏症の可能性があります。胃腸の未熟な子どもたちは、とくに食べすぎないようにしましょう。

油の種類と使い方を意識する

市販されている食用油には、コーン油、菜種油（キャノーラ油）、ごま油、紅花油、オリーブ油などいろいろありますが、どの油を選ぶかによってアレルギー疾患にも影響します。

食用油は含まれる不飽和脂肪酸の種類によって、オメガ3系脂肪酸のα-リノレン酸、オメガ6系脂肪酸のリノール酸、オメガ9系脂肪酸のオレイン酸に分類されますが、この系列によってまったく別の働きをするのです。**簡単に言うと、オメガ6系のリノール酸は、アトピー性皮膚炎やぜんそくなどのアレルギー疾患を促進し、オメガ3系のα-リノレン酸はアレルギー疾患を抑制するように働きます。**

オメガ6系のリノール酸を口にすると、体内でアラキドン酸という脂肪酸に変わります。アラキドン酸はさらにプロスタグランジンやロイコトリエンというアレルギー反応を促進させる物質を作るのです。アラキドン酸が過剰になると、アレルギーだけでなく動脈硬化、高血圧、心不全、脂肪肝、慢性炎症、がん、脳血栓などさまざまな疾患を引き起こすとされます。

一方、オメガ3系のα-リノレン酸は、これと正反対の働きをします。体内に入ったオメガ3系の油は、DHAやEPAという不飽和脂肪酸を合成し、アレルギー症状や炎症を抑制する物質を作ってアトピー性皮膚炎やぜんそくを抑えるのです。名古屋市立大学の臨床テストでも、アトピー性皮膚炎の患者に、α-リノレン酸を含むしそ油を豊富に使った食事を与えたところ、15ヵ月間で皮膚の乾燥や赤みが大幅に改善したといいます。青背の魚に豊富に含まれるDHAやEPAもオメガ3系の脂肪酸です。

もう一つのオメガ9系のオレイン酸は、免疫系に関係する物質を生成しないため、アレルギー疾患には中立です。

このように、アレルギー症状を抑えるには、リノール酸を減らし、α-リノレン酸を増やすことが必要です。ただ、リノール酸が悪者というわけではありません。リノール酸は脳や神経の構成成分で、成長や生殖に必須の脂肪酸だからです。

問題はリノール酸の摂取量です。リノール酸とα-リノレン酸の摂取比率は、リノール酸4対α-リノレン酸1が理想とされます。ところが日本人の摂取比率は10対1〜50対1と言われています。高度経済成長期からリノール酸の摂取量は2倍以上に増え、欧米諸国と比べても突出して多くなっています。日本脂質栄養学会によれば、最近の母乳のリノール酸含有量は、日本が13%、

レシピ

オメガ3系脂肪酸がとれるおかず

［キャベツのえごま和え］

キャベツとにんじんを好みの大きさに刻んで蒸し、えごま油と塩、酢各少々で和える。

ドイツ9%、オーストラリア8%、スウェーデン8%となっており、日本のお母さんたちのリノール酸の摂取量も世界一。これも近年、子どものアレルギーが増加している一因と考えられます。

今の日本人は、揚げ物や肉料理、植物油やマーガリン、ショートニングが含まれるスナック菓子やパン、クリームたっぷりの洋菓子、卵白、魚卵などから、リノール酸を過剰に摂取しすぎているようです。反対に、オメガ3系脂肪酸の多い魚や海藻類、野菜、胚芽類などの摂取が減ってしまった結果、異常な脂質のアンバランスを生み出しているのです。赤ちゃんの場合、油そのものの摂取量は少ないと思いますが、アレルギー疾患を予防するためにも、油の種類や使い方を見直してみることも必要だと思います。

代表的な**食用油**の分類と特徴

脂質は大きく飽和脂肪酸と不飽和脂肪酸に分けられ、魚類や植物油に多く含まれるのが不飽和脂肪酸です。常温で液体となるのが特徴で、なかでも体内で合成できないため、食べものからとる必要があるものを必須脂肪酸と言います。

オメガ3系　（必須脂肪酸）

（α-リノレン酸が多い。酸化しやすく、加熱調理には向かない）

→ しそ油／えごま油、亜麻仁油（フラックスオイル）、麻の実油（ヘンプオイル）

オメガ6系　（必須脂肪酸）

（リノール酸が多い。やや酸化しやすい）

→ 紅花油（サフラワーオイル）、ひまわり油（サンフラワーオイル）、コーン油、サラダ油、大豆油

オメガ9系　（体内で合成できる）

（オレイン酸が多い。酸化しにくいので、加熱調理に向く）

→ オリーブ油、菜種油

＼ ごま油は、オメガ6と9の中間 ／

アレルギーを抑える食べものとは？

アレルギーを抑えるには、α-リノレン酸を多く含む油がベストですが、ほとんどはとても酸化しやすいため、加熱用の油としては使えません。ドレッシングにしたり、自家製マヨネーズを作ったり、野菜の和え物に加えたりして、生でとるように工夫してください。

油としてとるだけでなく、α-リノレン酸は野菜や海藻、種実類などにも豊富に含まれているので、こうした食品でとるのがおすすめです。

野菜はビタミンやミネラル、食物繊維が注目されますが、実は必須脂肪酸バランスもよい食材です。一般的に冬野菜や寒冷地で育った野菜は南方系野菜よりもα-リノレン酸が豊富に含まれています。リノール酸よりもα-リノレン酸のほうが融点が低く、低温の環境に適しているからと言われます。具体的には、ほうれん草、春菊、キャベツ、小松菜、ねぎ、大根、白菜、ブロッコリー、レタスなど。そのほか、しそ、枝豆、いんげん、グリーンピース、そら豆、ピーマン、大豆もやし、えのきだけ、かぼちゃ、とうもろこしなどです。大豆、くるみ、栗、海藻、味噌などにも豊富です。

穀物の胚芽もα-リノレン酸の貴重な供給源になります。胚芽は次の子孫を育てるために必要な栄養素がすべて詰まっていますが、α-リノレン酸もこの胚芽のなかに含まれます。今は白米が定番ですが、できるだけ精米されていない分づき米や胚芽米を食べるようにしましょう。離乳食期でも、初期を除いて分づき米や胚芽米なら食べられます。また、α-リノレン酸を多く含む海藻を食べているあじ、いわし、さんまなどの天然魚には、オメガ3系のDHAやEPAが多く含まれます。

一般的に加熱調理用の油には、オメガ9系脂肪酸が多くアレルギー疾患への影響のないオリーブオイルがすすめられます。ただ、和食にはなかなか合いにくいと思います。**そこで我が家が選んだのは、ごま油でした。江戸時代から続く伝統的な「玉締め絞り」という低温圧搾法で時間をかけて低圧力で搾り、和紙でゆっくり濾過したものです。**圧搾時に熱が発生することがないため、油が酸化しにくく、原料の持つ風味や味、栄養をそのまま生かすことができます。また、ごま油はリノール酸とオレイン酸の割合が半々程度で、抗酸化成分が豊富なため酸化しにくく、安定性が高いので熱にも強いからです。低温圧搾法のごま油は、色も香りも穏やかで軽く、和の素材にとてもよく合います。クセがないので、洋食にも違和感なく使えますよ。

生で油を使用するときは、えごま油にしています。国産菜種油は、α-リノレン酸を含むのが利点で、抗酸化物質が多いので加熱しても酸化しにくい油です。ただ、独特の風味が食材の味を邪魔するように感じることがあるので、我が家の選択肢からは外れました。ちなみに大量生産された安価な菜種油（キャノーラ油）のほとんどは、輸入菜種を使用し、化学溶剤で抽出されているので、トランス脂肪酸を含み、リノール酸含有量も多くなります。どんな油を使うかは、自分の料理のスタイルも考慮して選択してください。

レシピ

α-リノレン酸がとれるおかず

［白菜とブロッコリーの豆乳クリーム煮］

白菜、ブロッコリーは食べやすい大きさに切り、ごま油で炒める。だし汁と塩少々を加えて煮込み、仕上げに豆乳を加えてひと煮する。

酸化した油が怖い！

α-リノレン酸を多く含む油はアレルギーを抑える一方、酸化しやすいため、「体のサビ」と言われる過酸化脂質を作るという難点があります。

体の中では呼吸によって取り込んだ酸素から、つねに活性酸素が作られています。活性酸素は体内の細菌やウイルスをやっつけたり、細胞の老廃物を

処理したり、血液の循環を助けたりと、なくてはならない物質です。ところが、活性酸素が皮脂や体内の脂質と結びついて酸化すると、過酸化脂質を作り出します。この過酸化脂質はまわりの細胞を次々と酸化させて傷つけ、皮膚や粘膜の炎症を起こし、アトピー性皮膚炎を悪化させたり、細胞内で新たに活性酸素を作り、ぜんそくや花粉症などの原因となるのです。また、動脈硬化や老化などさまざまなトラブルの原因ともされています。つまり、本来はアレルギーを抑えるはずの油が、ひとたび酸化すると逆にアレルギーの原因物質となるわけです。

かつては、卵、牛乳と並んで3大アレルゲンと言われていた大豆は、大豆に含まれる油分＝脂肪酸がアレルゲンと考えられていました。大豆アレルギーの人は、油料理やスナック菓子を食べると湿疹が悪化する人が多いことから、大豆油が原因と思われていたのです。ところが、研究が進むと、その主な原因はリノール酸の過剰摂取と、大豆油が酸化して作られる過酸化脂質であることがわかってきたのです。つまり、大豆に対するアレルギーではなく、油の質と油の酸化が問題であって、大豆はとんだ濡れ衣を着せられていたわけです。

どんなに質のいい油も酸化してしまったら台無し。α-リノレン酸を多く含む油は、新鮮なものを生で使用し、早めに使い切ること。魚も、市販の惣菜のように時間のたった揚げ物や干物は控えるのが賢明です。

さらに、油＝脂肪酸のなかでも「トランス脂肪酸」は、とくに酸化しやすい危険な油です。牛や羊などの反すう動物の肉や乳などにも含まれますが、多くは液体の植物油に水素を添加してマーガリンのように半固形に固めたり、植物油を脱臭する過程で生成します。トランス脂肪酸は、摂取量が増えると血液中の悪玉コレステロールが増え、動脈硬化症や心疾患、また、発がん性、糖尿病のリスクが増大すると言われています。

アメリカでは長年にわたって肥満や心臓病に関する危険性が指摘されていましたが、２０１５年６月、アメリカ食品医薬品局（ＦＤＡ）が水素添加されたトランス脂肪酸を３年以内に全廃することを発表しました。これで「食品として安全ではない」と結論づけられたわけです。ところが、日本では未だに何の規制もなく、表示義務もないために知らぬ間にとっている可能性が高くなります。

トランス脂肪酸は、マーガリンやショートニング、それを使ったパンやケーキ、スナック菓子、サラダ油などの精製した植物油などに含まれます。アレルギーを防ぐには、これらトランス脂肪酸を含んだ食品を避け、過酸化脂質の生成を抑えることも必須です。

レシピ

体のサビを作らない抗酸化ごはん

【とろとろトマト味噌汁】

トマトは皮ごとグリルで焼き、だし汁に入れて煮込み、味噌を溶き入れる。

※子どもや大人向けにはしそのみじん切りを散らして。

日本人なら和食がいちばん！

パンや麺類、チーズにバナナ。子どもの大好きな食べものです。でも、日本の気候風土で暮らす日本人の赤ちゃんなら、やっぱり伝統的に食べられてきた和食がいちばん体に合っています。

そもそも和食は、油や脂肪の摂取も少ない料理です。また、おもなたんぱく源は、米や野菜や大豆、海藻と少しの魚ですから、動物性たんぱく質の過剰摂取も減らせます。**胚芽米や分づき米の主食に、緑黄色野菜や根菜、海藻類、青背の魚。これでアレルギー症状を抑えるオ**

メガ3系脂肪酸をたっぷりとることができます。

柔らかくふわふわしたパンや、つるつると入る麺類は食べやすいため、離乳食期の早いうちから与えがちです。でも、早くからこういうものに慣れてしまうと、アレルギーを起こしやすいだけでなく、ごはんよりもパンや麺を求めるようになり、食事全体が洋食化して高カロリー、高脂肪、高たんぱくになりがちです。洋食に触れるのは、離乳食が進んで、和食のベースができてからでも遅くありません。3大アレルゲンの卵、牛乳、小麦は、洋食に登場することの多い食品であることを考えても、パンよりごはん、スープより味噌汁がいいのです。アレルギーを抑えるには、やっぱり和食が適しているのです。

離乳食期や幼児期に、日本の伝統的な和食の味や匂いなどを経験しておくと、それが安全で安心できる我が家の味として記憶させることができるといいます。**反対に、この時期に洋食や市販の総菜、加工食**

品などをたくさん食べると、それが基準の味になってしまうため、成長しても濃い味や過剰な甘さを欲するようになります。つまり、離乳食期や幼児期に、一生の食のベースが作られるのです。離乳食期は、日本人にふさわしい穀物菜食型の伝統的な和食を、〝基本の味〟として、心と体にしっかりと刻み付ける大切な期間でもあると思います。

　離乳食が進んだら、だしのうま味や海産物の塩味、野菜の甘味や発酵食のおだやかな酸味、日本独特の苦味など、伝統的な和食の味を伝えていきましょう。子どもが好むからと言って、甘い味付けや濃い塩味、こってりとしたものや柔らかいものなどを与える必要はないのです。**3歳までに〝基本の味〟が身に付けば、しめたもの。たとえ一時期、食が乱れたり洋食化したり、スイーツにはまったりしても、私自身がそうであったように、必ずこの基本に戻ってくると信じています。**

発酵食のすすめ

ここ数年の研究で、アレルギー疾患には腸内細菌が関与していることが明らかになりました。善玉菌の乳酸菌、ラクトバチルス菌、ビフィズス菌の多い子どもほど、アレルギー疾患が少ないことがわかったのです。つまり、善玉菌が優位な腸内環境を作ることで、アレルギー疾患を抑えられる可能性が高いのです。

腸内の善玉菌を増やすために、ぜひ取り入れたいのが発酵食品です。ぬか漬けやしば漬け、白菜漬けなどの発酵食品には植物性の乳酸菌やビフィズス菌が豊富に含まれていますが、これらは「プロバイオティクス」と呼ばれ、胃酸にもやられずに生きたまま腸まで届く微生物です。植物性の乳酸菌やビフィズス菌は、腸内で乳酸を作ってpHを下げ、腸内環境を酸性にして悪玉菌の増殖を抑え、善玉菌優位の状態に整えてくれます。

乳酸菌や麹菌、納豆菌などの微生物を含む甘酒や味噌、納豆は、離乳食期から取り入れやすい発酵食品です。肉類などの消化のしにくいたんぱく質も、甘酒や味噌、塩麹などに漬けると消化を助けてくれます。

また、すでに胎内に棲息している善玉菌のエサとなるものを食べることも有効です。とくにオリゴ糖を多く含む玉ねぎ、キャベツ、ごぼう、アスパラガス、じゃがいも、麦類、とうもろこしなどがおすすめです。

レシピ

発酵食ごはん

【ごぼう味噌】

ごぼうはみじん切りにしてごま油で甘い香りがするまでよく炒める。味噌とみりんを加えてさっと混ぜ合わせる。

※ごはんにかけていただきます。

化学物質まみれにならないために

「アレルゲンとなる食品を排除しているのに、肌のかゆみや赤みがひかない」と、相談を受けることもよくあります。もちろん食品アレルギーやアトピー性皮膚炎が寛解するのは時間のかかることです。でも、もしかしたら、その子のアレルギーは、アレルゲンとなる食品だけに反応しているのではないかもしれません。

原因として考えられるのは、野菜に残留している農薬や加工品など

に含まれる食品添加物などの化学物質です。お母さんたちに話を聞いたり、その子の食べているものを垣間見ていると、果汁のジュースや糖分の多い清涼飲料水を水代わりに飲ませていたり、ホルモン剤や殺菌剤を使用した養殖魚を頻繁に食べさせていたり、着色料や添加物たっぷりの加工品を躊躇なく使っていたりと、思わずツッコミたくなるような食べ方をしています。**離乳食を始めて間もなく、この子たちの体には、アミノ酸や着色料、香料、ホルモン剤など、おびただしい化学物質が取り込まれていることになるのです。**

そもそも食物アレルギーを起こす子どもは、腸粘膜のバリア機能が未熟だから、アレルゲンを取り込んでしまうのです。ということは、こうした人工的に製造された化学物質も腸管の免疫システムをすり抜けて、体内に入り込んでいる可能性も高いと思うのです。**こうした不自然な物質が体に侵入したら、一生懸命排泄しようとするはずです。**

その反応の一つが、湿疹などのアレルギー症状として表れているのではないでしょうか。実際に添加物・農薬・合成界面活性剤などがアトピー性皮膚炎などのアレルギー疾患を発症させる引き金になったり、悪化させたりすることは、多くの皮膚科医や小児科医も指摘しています。

たとえば、着色料として使われる黄色4号や黄色5号、赤色2号、赤色102号はアレルギー性が強く、ぜんそくの発作やじんましん、鼻づまり、目の充血などの症状を起こすことがわかっています。コチニール色素（カルミン）という着色料も、ぜんそくやアナフィラキシーショックなどのアレルギーが報告されています。

また、現在の日本の肉類や乳製品、卵、養殖魚は、成長ホルモン剤

レシピ

天然魚を使ったごはん

【いわしのつみれ汁】

いわしは頭と内臓をとって手で開き、中骨を取って、包丁でよくたたく。みじん切りにしたねぎとしょうがも加えてさらにたたく。粘りが出たら塩、しょうゆ各少々を加えてスプーンなどで団子にして沸騰した湯に落とし、4～5分煮る。小口切りのねぎをのせて。

や殺菌剤、抗生物質などの化学合成物質による薬漬けのものがほとんどです。これらもやはりアレルギー疾患の一因になりかねません。「鮭を食べるとアレルギー症状が出る」と、魚を食べることを敬遠していた子がいましたが、魚の選び方の問題であって、魚すべてを除去する必要はないと思います。朝食やおにぎりの具としても人気の鮭は、年中食卓にのぼる家庭も多いかと思いますが、現在は養殖ものが多く、また海外からの輸入も国産の倍以上に増えています。養殖魚は、エサに含まれる大量の化学物質が蓄積しています。どんなにいい不飽和脂肪酸を含んだ魚でも、養殖魚は食べないほうが安全です。鮭でアレルギーが出ていた子も、いわしやあじなどの新鮮な天然の小魚なら、アレルギー症状が出ないこともあるのです。**化学物質まみれの肉や卵、乳製品、養殖魚は控え、できるだけ安心できる育て方をされた平飼いの地鶏やその卵、天然の魚を選ぶようにしましょう。**

雑菌にまみれて免疫力を高めよう

免疫力の弱い赤ちゃんに与える離乳食。衛生面にはとくに神経質になるものですが、衛生的になりすぎるのも逆効果です。**衛生的すぎる環境で生まれ育った子どもは、腸内細菌が多様化するのが遅く、病原菌に感染するリスクも高くなると言われます。**

無菌状態で生まれた赤ちゃんは、産声をあげた瞬間から、さまざまな菌に触れて腸内細菌が作られ、そして固形物を食べ始めることで大きく変動します。そうして多様な菌に触れることで、腸管免疫系が作られ、体をさまざまなウイルスや細菌から守ってくれるようになります。
ところが、現在は衛生的な環境を追求するあまり、多様な菌に触れる機会が激減しています。これも免疫力の低下やアレルギーの一因とされます。

近年になって、さまざまな細菌に感染することで、むしろアレルギー疾患になる確率が抑えられていたのではないかという考え方が注目されています。「衛生仮説」と言われ、「ヒトが発育期に十分な微生物や細菌に接触しないと免疫システムが正常に発達せず、1型糖尿病やアレルギー体質のような自己免疫疾患のリスクが高くなる」という考え方です。実際に、乳幼児期に犬や猫などのペットを飼っているとアレルギーになりにくいとか、結核菌の感染者にはアレルギー疾患がないといった調査結果が出ています。ふだんからいつも多種多様な雑菌にまみれているほうが免疫の耐性ができて、たとえ何かが入ってきても過剰に反応しないというわけです。

昔は自宅でお産婆さんの手によって出産が行われ、藁や家畜の毛にまみれ、布おむつで育ち、食器などもさっとぬぐう程度で使っていました。成長すれば野山を駆けめぐり、のどがかわけば川の水を飲み、畑からもいだばかりの野菜をそのままほおばっていました。たくさんの自然に全身で触れ、自然の恵みを存分に取り込んで生活していました。その時代、今のようなアレルギー症状はほとんどなかったと思われます。こうした自然の環境で育つことで、多種多様な菌をたくさん取り入れ、強固な腸管免疫を作り上げていたのです。**今の赤ちゃんの腸内は、いわば温室育ちの状態と言えるかもしれません。そこにわざわざ予防接種で、病原菌を入れているのです。**

病気にならないようにと気を配っている衛生的な環境が、逆に体を弱くしている可能性があるのです。世界的な免疫学の権威である安保徹先生は以前、「トイレに行っても手は洗わない」「弁当の箸は洗ったことがない」などと、笑いながらお話ししてくださったことがありますが、菌は排除するのでなく、喜んで取り入れたいものです。**神経質に除菌、殺菌と拭き回ったり、洗剤をがしがし使って洗うよりも、少しぐらい汚れてたっていいじゃない、とおおらかな気持ちでいたほうが、丈夫な子どもに育ちますし、お母さんも気がラクではないでしょうか。**

我が家も、菌は喜んで取り入れる主義。少しぐらい泥や砂のついた手で食べても気にしませんし、石けんやハンドソープで手洗いを強制したこともありません。学校に行ったら、強制的に手洗いさせられるのでしょうが、今のうちに〝菌様〟をどんどん入れておきたいと思っています。

コラム②

お出かけするときの離乳食

離乳食が始まると、なかなか外出できないというお母さんもいます。今まではおっぱいやミルクがあれば、どこへでも行けましたが、離乳食となると「準備が大変」「食べものが傷みそうで怖い」「何をどう持っていけばいいのかわからない」と、不安の声をあちこちで聞きます。外出するときもできるだけ**手作りの離乳食を持っていきたい**、そう思って私が考えついたのが、**真空密閉できるガラス容器を使って殺菌・脱気する方法**です。

柔らかいごはんやお粥、蒸した野菜などを煮沸消毒したガラスの瓶に詰めて密閉し、さらに20分ほど煮沸して中の空気を完全に抜きます。**真空状態にすることで、食材の腐敗を防ぐ**ことができるのです。夏以外はここまでしなくても、1食分ぐらいは持ち歩いても平気ですが、夏はやっぱり心配です。8月の暑い中、3泊4日の旅行に出かけたときも、この方法で離乳食を持っていきましたが、**脱気した瓶を保冷バッグに入れて**おけば、4日目でも傷むことなく食べられました。これなら外食で食べるものがない、と悩んだり、**味の濃さや添加物などを気にすることなく**外出や旅行ができます。

4章

離乳食から取り入れたい薬膳

一つ一つの食材の働きを考慮して作られる薬膳には、
日本人の体質に合った食べ方や食材の選び方、
〝つよい体〟を作るためのヒントがいっぱい。
離乳食や子どもごはんにも、薬膳の知恵をぜひ生かして。

薬膳の陰陽を取り入れよう

薬膳の基本となっている中医学は、「陰陽論《いんようろん》」が元になって生まれました。陰陽とは、相反する性質を持った2つのエネルギーのことで、左ページの下表のように分類されます。

陰陽のバランスはつねに一定のものではなく、どちらかのエネルギーが大きくなれば、もう一方が弱まるというように、シーソーのように拮抗しながらバランスをとっています。**陰と陽、どちらがいいというわけではなく、どちらにも偏ることなく真ん中の状態（中庸）を保つことが、もっともバランスがとれて健康的な状態とされます。**

一般的に、赤ちゃんや子どもは体温が高く、活動的な陽性の存在です。体温が高いうえに一日中飛び回っていますから、汗びっしょりで頭の上から熱い湯気がしゅわしゅわ出ているほど。**ですから、熱いものや体がほてるようなものは苦手で、つい冷たいものや冷やすものを好んでとろうとします。**でも、だからと言って、体を冷やすようなものばかりとっていては、しだいに内臓が冷えて低体温になっていきます。

最近は、体温調節を担う自律神経の働きが乱れて、低体温の子も増えていると言われます。夜更かしして睡眠不足になりがちだったり、

	空間	時間	季節	性別	温度	重さ	明るさ	運動
陽	天	昼	春夏	男	熱暖	軽い	明るい	上昇 外向 運動
陰	地	夜	秋冬	女	寒涼	重い	暗い	下降 内向 静止

寝る直前までテレビを見ている、エアコンの中で過ごすことが多い、朝ごはんを食べない、外遊びや体を動かす機会が少ないことなどで生活リズムが乱れ、自律神経がうまく働かないことが原因のようです。**低体温になると、朝起きられなかったり、遊ばずにぼーっと過ごしたり、集中力がなくなったりします。**体は生活習慣の積み重ねで作られていきますから、こうした冷えが習慣化されると、免疫力も低下して病気にかかりやすくなります。

体温の高い赤ちゃんや子どものごはんでも、陰性のもの、体を冷やすようなものだけでなく、陽性のもの、体を温めてくれるものも意識して取り入れていってください。とくに夏は冷たい飲み物や果物のとりすぎで、内臓を冷やしがちです。かぼちゃやにんじんなどの温め食材をとったり、しっかり加熱して食べたり、温め効果の高い薬味と一緒にとるなどの工夫をしましょう。

陰性・体を冷やす寒涼性食材	なす、ごぼう、大根、トマト、きゅうりなど
陽性・体を温める温熱性食材	かぼちゃ、にんじん、かぶ、にら、玉ねぎなど
平性・温めも冷やしもしない食材	米、さつまいも、山芋、大豆、ごま、枝豆、とうもろこしなど

※マクロビの陰陽分類とは異なります。

日本人に欠かせない"脾《ひ》"を補う食材

日本人は大人も子どもも「脾」の働きの弱い人が多くいます。「あまり食べたがらないのですが、体が小さいので無理して食べさせていました」というお母さんがいましたが、これは逆効果。周りと比べて小さいと、ついたくさん食べさせようとしてしまいますが、脾の弱い子に無理して食べさせると、脾は疲れ果ててかえって消化不良を起こします。

薬膳の脾とは、西洋医学の脾臓《ひぞう》のことではなく、膵臓や胃などの消化器系のことを指し、食事でとった栄養や水分を吸収して全身に運ぶ働きを持っています。「脾は湿を嫌う」「脾は喜温悪寒《きおんあっかん》」といい、温められることを好み、湿気や水分、冷えを嫌います。ところが、日本の気候風土は湿度が高いのが特徴です。加えて、水分の多い食事や冷たいもの、生ものなどをとりすぎる傾向があるため、脾にとってはダブルパンチを食らっているようなものです。そのため、日本人は脾の働きの弱い人が多いのです。

胃腸の未熟な子どもはなおさらのこと。**子どもは暑がりだからといって、冷たいものや水分をどんどん与えていると、ますます消化器の働きが悪くなって、消化不良や食欲不振、下痢や食物アレルギーなどを起こしやすくなるのです。**

同じ漢方薬を飲んでも、中国人と日本人では効き目が違うといいま

レシピ

脾を補うごはん

【枝豆の白和え】

枝豆は塩ゆでする。豆腐をすりつぶしてだし汁と塩少々で味付けし、枝豆を和える。

すが、それは脾の消化吸収力の違いです。ですから、中医学の先生が日本人に漢方薬を処方するときは、必ず脾の働きをよくするものを一緒に組み合わせると言います。漢方薬だけでなく、食べものでも同じこと。脾の働きを高めるものを意識してとることが大切です。

同じものを同じぐらいの時期に食べ始めても、アレルギーの出る子と出ない子がいますが、これも脾の働きの強さの違いが要因の一つです。**消化器の働きがしっかりしていれば、未消化で残ることなく消化吸収されますが、反対に、脾の働きが弱いのに無理に食べさせるとアレルギーを招きやすくします。**脾が疲れてうまく消化吸収できないために未消化物を生み、それがアトピー性皮膚炎や食物アレルギーなどの原因となるのです。**食が細い、下痢しやすいという子は、脾が弱いと考えられるので、周りと比べたりしないで、その子のペースで食べすぎないようにしましょう。**

子どもが取り入れやすい 脾を高める 食材

脾の働きを高める食材には、穀類や芋類、豆類などがあります。離乳食期から食べやすいものが多いので、積極的に取り入れて脾の力を養ってあげましょう。

あわ、きび、大麦、黒米、はとむぎ、うるち米、もち米、さつまいも、じゃがいも、山芋、いんげん、黒豆、大豆、落花生、そら豆、枝豆、くるみ、栗、おくら、カリフラワー、小松菜、チンゲン菜、しょうが、とうもろこし、なす、にんじん、かぼちゃ、れんこん、いわし、鯛、ぶりなど

"補う"だけでなく、"めぐらせる"ことが大事

「貧血気味だったら、血を補うものをとりましょう」「元気がないなら、エネルギー源となるようなものを食べましょう」と、とかく補うことにばかり目を向けがちです。でも、補ったら、めぐらせてあげなければ、詰まってしまいます。

薬膳では、私たちの体は「気《き》・血《けつ》・水《すい》」の3つが滞りなくスムーズにめぐることで、健康が保たれると考えます。「気」とは、体が正常に働くために必要な生命エネルギーのようなものです。「血」は血液とほぼ同義で、全身に酸素や栄養素を運ぶものです。「水」は汗や涙、唾液、リンパ液など体の中にあるすべての体液のことを指します。

元気がない、なんとなくだるい、疲れやすいというときは、生命エネルギーである気が不足している証拠。こういうときは、お米や雑穀、さつまいもや山芋、枝豆、しいたけなどで気を補います。顔色が青白い、肌がかさかさするというときは、血が不足している状態です。ほうれん草や小松菜などの青菜やひじきなどで血を補います。よくのどが渇く、唾液が少ない、便がコロコロ乾燥している、眠りが浅いというときは水が足りない状態です。こういうときはかぶやにんじん、おくら、

レシピ

めぐらすごはん

【トマトのレモンスープ】

トマト、にんじん、おくらなど好みの野菜を細かく刻み、塩少々を加えて水で煮る。仕上げにレモン汁を加える。

トマト、ほうれん草などの体液を補充する食材をとります。
そして、いずれの場合も補ったら、めぐらせる食材もとりましょう。

血や水や気をめぐらせる働きのあるのは、香りのいい食材です。離乳食や子どものごはんに取り入れやすいのは、玉ねぎ、ピーマン、かぼす、きんかん、グレープフルーツ、すだち、みかん、ゆず、レモンなどです。さつまいもを煮るときにレモンと一緒に煮たりしますが、気を補ってめぐらせることができるので、とても理にかなっています。

また、不足しているだけでなく、気・血・水が滞っているときも、めぐらす食材が有効です。小さな子どもでは血が滞ることはあまりないと思いますが、**気が滞ってイライラしている、なんだか怒りっぽい、水が滞って食欲がない、お腹がぽちゃぽちゃしている、こういうときも、めぐらす食材を取り入れることで、滞った気や水を流してあげることができます。**これは、離乳食だけでなく、大人の食事でも同じです。

子どものキーキー声を防ぐ発散食材

「突然、甲高い奇声をあげる」「夜、キーキー叫んでなかなか寝ない」「疳《かん》の虫がひどい」と悩んでいるお母さんも多いのではないでしょうか。**原因として、まずは砂糖のとりすぎを疑ってみてください。**ジュースやお菓子などの糖分の多い食べものをとると、血糖値がグンと上がりますが、それを下げるために今度はインシュリンが過剰に分泌され、

低血糖状態になることがあります。低血糖になると、興奮を抑制する脳の命令がきかなくなるので、急に金切り声をあげたり暴れたりと、過剰な行動が見られることもあるのです。

食後や夜寝る前にジュースや果物をとらせている人も多いようですが、虫歯になりやすいだけでなく、甘い飲み物は吸収が速いので血糖値が急上昇して興奮させ、寝付きを悪くします。こうした血糖値の急上昇、急降下を招くものをとりすぎていないか、まず気をつけてみてください。同時に、下表の「気」を発散させたり、気の高ぶりを鎮めたりする食材をとることもおすすめです。

薬膳では、情動は肝《かん》がコントロールしていると考えます。「肝」とは肝臓単体のことではなく、肝臓や胆のう、筋肉、眼、自律神経系や情緒に関する中枢神経系を含めた働きを指し、「気」を全身にめぐらして精神や感情を安定さ

発散・鎮静食材	しそ、しょうが、玉ねぎ、にら、にんにく、ねぎ、かぶ、大根、わさび、ミント、味噌など

※気・血・水をめぐらす食材（159ページ参照）や
脾を高める食材（156ページ参照）もあわせてとると効果的。

せる働きを担っています。子どもの奇声や疳の虫などの激しい情動は、この肝の働きの乱れによって、気がつまったり高ぶることで起こると考えます。

肝の働きを乱す最大の要因はストレスですが、子どもの場合はそれよりも脾の働きが弱いことが大きいと思います。肝と脾は関係が深く、互いにバランスを取り合って、一方の働きが強くなりすぎないように調節しています。ところが日本人、なかでも子どもは脾の働きが弱いため、肝の働きばかりが強くなり、気の流れが滞ったり高ぶったりして、情動が激しくなりやすいのです。

子どもは体の成長と一緒に、気もぐんぐん伸びやかにめぐるのが自然なことですが、現在の住宅事情や自然と切り離された環境から、なかなか気を発散できない状況でもあります。**キーキー声を防ぐには、食べもので気を発散させて滞りを解消したり、高ぶりを抑えたりすることも効果的なのです。**

レシピ

発散ごはん

【鯛のおろしソース】

鯛は好きな大きさに切り、塩少々をふって蒸す。鍋にだし汁、塩、しょうゆを加えて火にかけ、大根おろし、鯛を加えてひと煮する。

※離乳食の進み方で調味料は加減します。

牛乳を飲んでもカルシウム不足!?

飽食の日本人に、唯一不足している栄養素があります。それがカルシウムです。日本の土壌はカルシウムが少ないため、水もミネラル分の少ない軟水になります。**その土や水で育つ野菜や果物などもカルシウムが少なくなり、またそのカルシウムの少ない水や食べものをとっている日本人も、カルシウムが不足しやすいというわけです。**

そこで戦後、推奨されてきたのが牛乳です。でも、牛乳の異種たんぱく質は、消化能力が未発達の赤ちゃんにはアレルゲンとなる可能性が高くなります。1歳未満の赤ちゃんに牛乳を与えると、腸管アレルギーの一種である消化管出血を起こして鉄欠乏性貧血になることもわかってきました。厚生労働省の「授乳・離乳の支援ガイド」でも、加熱調理は認められているものの、1歳までの飲用はすすめていません。

消化の負担になるのは、赤ちゃんばかりではありません。牛乳に含まれる乳糖(ラクトース)を分解するには、ラクターゼという酵素が必要ですが、この酵素を作ることのできる日本人はわずか5%程度と言われます。乳糖は母乳にも含まれているため、乳幼児はラクターゼを持っていますが、乳離れをすると急激に活性が落ち、14~15歳になると作れなくなる人がほとんどだと言います。牛乳を飲むと下痢をしたり、腹痛を起こす人が多いのも分解できない乳糖が原因なのです。**血液をドロドロにして流れにくくするとされる飽和脂肪酸の含有量も多いため、小学校の給食で6年間、毎日のようにとるのは過剰だと思います。**

また、カルシウムの吸収にはマグネシウムが不可欠で、マグネシウムとカルシウムの摂取比率が1対2になっているときが、どちらもベストに働きます。マグネシウムは骨芽細胞に働きかけて、骨の中に入るカルシウムの量を調節しているため、マグネシウムが不足すると、骨に十分なカルシウムが行き渡らなくなります。さらにマグネシウムが足りないと、骨や歯にある貯蔵分を放出して不足を補おうとしますが、その際、マグネシウムの3～5倍のカルシウムも一緒に放出されてしまいます。カルシウムばかりとりすぎて、マグネシウムの比率が低くなると、丈夫な歯や骨は作れませんし、かえってカルシウム不足を招くわけです。

現在の多くの乳牛の育てられ方を見ても、とても健康的な食品とは思えません。窮屈な牛舎で人工的に妊娠させられて搾乳されるお母さん牛たち。さらに生産量を確保しようと妊娠中の雌牛からも搾乳するため、この牛乳には女性ホルモンも含まれるのです。牛乳だけでなく、生クリームやヨーグルト、チーズ、加工食品の多くに使われている脱脂粉乳もほぼこうして得られるものになります。

牛乳が完全栄養食品と言われるのは、牛の赤ちゃんにとってのこと。日本人は和食を食べていれば、十分なカルシウムを摂取できるのです。ごまやひじきや大豆などにも相当量のカルシウムが含まれています。

同時に、カルシウムを補給するだけでなく、奪い取るものにも気をつけましょう。**白砂糖や塩分の多いもの、また清涼飲料水や加工食品、スナック菓子などに多く含まれるリンは、カルシウムを奪うため、とりすぎないように気をつけましょう。**

レシピ

カルシウムたっぷりごはん

【柑橘ごま和え】

水で戻したひじき、にんじん、小松菜をそれぞれゆでて、食べやすい大きさに切る。すりごまにしょうゆ、柑橘類のしぼり汁少々を加えて和える。

血を作るのは青い野菜

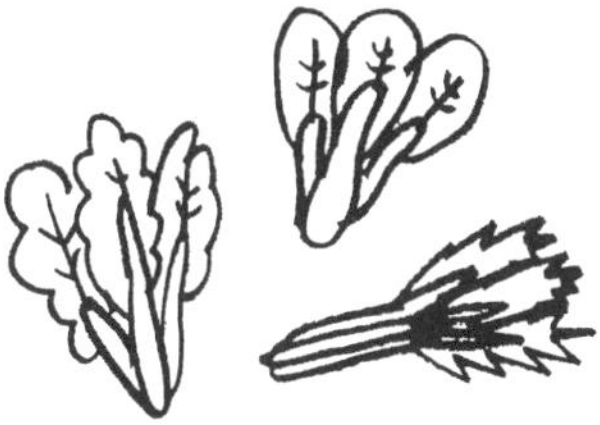

「1歳4ヵ月ぐらいで鉄欠乏性貧血と診断されました。お医者さまにレバーを食べさせなさいと言われたのですが、やっぱり食べないといけないでしょうか」と悩まれていたお母さんがいました。その子はまだ胃腸の働きが弱く、たくさん食べられなかったり、下痢をしやすかったりしたため、お母さんはレバーを食べさせることに躊躇して

いたのです。**私も貧血だからと言って、誰にでもレバーを食べさせることには反対です。とくに乳幼児にレバーは合わないと思います。**

鉄欠乏性貧血は、血液中のヘモグロビン（血色素）を作る鉄分が足りなくなった状態で、貧血のほとんどはこのタイプです。生後6ヵ月〜1歳6ヵ月ぐらいの乳幼児にとくに多く、10人に1人ぐらいに起こると言われます。

赤ちゃんは生まれる前から、たくさんの鉄分をお母さんからもらっています。この鉄分は肝臓などに「貯蔵鉄」として蓄えられ、生後6ヵ月ぐらいまでは十分まかなっていけます。それ以降は、母乳からもらう鉄分がだんだん少なくなってくるうえ、離乳食をあまり食べなかったり、食材が偏っていたりして摂取する鉄分が少なくなります。反面、体の成長は著しく、鉄分の必要量がもっとも高まる時期ですから、どうしても鉄不足になりやすいのです。

ヘモグロビンは、血液にのせて体のすみずみまで酸素を運ぶ働きをしているため、鉄欠乏性貧血になると、体中の筋肉や臓器が酸欠状態になります。

そのため、体の成長が悪くなったり、記憶力や集中力の低下を招いたり、味覚異常をもたらしたりする可能性があります。

では、赤ちゃんが十分な血を作るためには何を食べればいいのでしょうか。たしかにレバーは鉄分の宝庫です。レバー＝肝臓は貯蔵鉄のストック場所ですから、含有量が多いのです。ただ、体に蓄積されやすいビタミンAの含有量が多いため、食べる量は少なくても過剰摂取につながりますし、肝臓は解毒器官なので、飼料に含まれる農薬や抗生物質なども蓄積している可能性があります。鉄分補給のためだからとレバーを与える必要はないのではないでしょうか。

ほかにも牛や豚の赤身の肉や、マグロやかつおの赤身などの運動量の多い部位にも、体内に吸収されやすい動物性のへム鉄（吸収率は摂取量の2〜3割）が豊富に含まれます。ただし、これまでお話ししてきたように、1歳前後の子どもには消化の負担となる場合が多いのです。

日本人が鉄分をとるなら、ひじきや海苔などの海藻類や貝や桜えび、いわしなどの小魚類、大豆や枝豆、納豆などの豆類、小松菜やほうれん草、春菊などの青菜がおすすめです。

とくに薬膳では、「青い野菜は血を作る」と言われ、青菜こそ血液を作り出す元と考えられています。緑の葉の細胞の中には葉緑素がたくさんありますが、この葉緑素に鉄分が含まれ、血液の製造元となるのです。また、造血ビタミンと言われる葉酸も豊富に含み、血を作るのを助けてくれます。

植物性の非へム鉄は、腸で吸収される割合が摂取量の1割以下と低いのですが、これも食べ方次第。ビタミンCと一緒に食べれば吸収率が上がるので、レバーにだって負けません。ほうれん草や小松菜などの青菜は鉄分も多いですが、ビタミンCや葉酸も含まれるため、貧血予防にはとても効率的です。

レシピ

血を作る青菜のおかず

[春菊の納豆味噌和え]

春菊はゆでて食べやすい大きさに切る。納豆に味噌少々を加えてよく混ぜ、春菊を和える。

また、柑橘類や梅干し、酢などを一緒にとると、胃酸の分泌を促して鉄分が吸収されやすくなります。青菜をごま酢和えにしたり、蒸した青菜に柑橘類の汁を搾った即席ポン酢をかけたりすれば、手軽に吸収率を高められます。

私は毎日の献立を考えるとき、「今日は何の青菜があったかな。青菜で何作ろうかな」と、まず青菜のメニューを考えることから始めます。

ですから、青菜を欠かしたことはありません。離乳食でもあごと舌でよくつぶせるようになったら、季節の青菜を必ず献立に取り入れてあげましょう。小松菜を刻んで蒸しただけでも十分です。ビタミンCは熱に弱く水溶性のため、ゆでたりすると水に溶け出してしまいますが、強い蒸気で短時間蒸せば、損失も最小限に抑えられます。細かく刻んでスープの仕上げに加えるのもいいと思います。

離乳食でも薬味をとろう

肉食中心の欧米の家庭のキッチンには、スパイスがたくさん並んでいます。ヨーロッパには、「男の価値は本棚の中身で決まり、女の価値はスパイス棚の中身で決まる」という格言もあるそうです。肉類は消化に時間がかかるため、37℃の腸内で停滞する時間が長くなって、どうしても腐敗しやすくなります。これを防ぐのがスパイスです。長い肉食文化のなかで、欧米人が培ってきた知恵なのです。

ところが、肉食の歴史の浅い日本人は、スパイスの使い方が足りません。欧米並みに肉をたっぷり食べるようになったものの、スパイスの使い方は欧米の足下にも及ばないのです。**日本人に大腸がんが急増しているのも、スパイス不足による腸内のたんぱく質の腐敗が一因とされます。**

肉類ばかりでなく、魚や大豆などのたんぱく質をとるときも、スパイスを添えるのが鉄則です。スパイスと言っても、こしょうやナツメグ、クローブなどの西洋のものばかりではありません。わさびやしょうが、ねぎ、辛子などのいわゆる薬味はもちろん、薬膳では、玉ねぎやにら、大根などもスパイスと同じ作用を持つ仲間と考えます。

和食では、魚には大根おろしやしそ、豆腐にはねぎやしょうが、納豆には辛子などを添える習慣がありますよね。これらの薬味には殺菌・防腐・消臭作用などがあり、消化に時間のかかるたんぱく質が、腸内で異常発酵するのを防いだり、魚肉の臭みを消してくれる働きがあります。また、胃液の分泌を促して、消化も促進してくれます。

一般的に、離乳食や子どものごはんでは、ぴりっと辛いスパイスや薬味のような刺激物は避けるようにと言われるでしょう。でも、たんぱく質をとるならば、大人だけでなく赤ちゃんにも必要なものです。むしろ、胃腸の未熟な赤ちゃんにこそ取り入れてほしいと思うのです。

刺激の強い薬味でも、少量を他の素材と混ぜながら与えれば抵抗なく食べられるはずです。たとえば、納豆に細かく刻んだねぎや和辛子を少々、よく混ぜてあげれば、たいていは薬味の存在に気づかず食べてしまうと思います。ただし、辛子やわさびやしょうがなどもチューブのものは使わないように。香料や着色料などの添加物でそれらしく見せているものがほとんどで、ツーンとした刺激が強いだけで本来の殺菌作用や消化促進作用などは期待できないからです。玉ねぎ、ねぎ、にら、大根などは離乳食期から食べやすい薬味ですからぜひ取り入れてみてください。

レシピ

薬味をとりやすいおかず

［厚揚げとにらの炒め物］

厚揚げは1㎝角に切る。にらはみじん切りにする。ごま油を入れたフライパンで厚揚げとにらを炒め、しょうゆをひとまわしする。

野菜は皮ごと、すべていただく

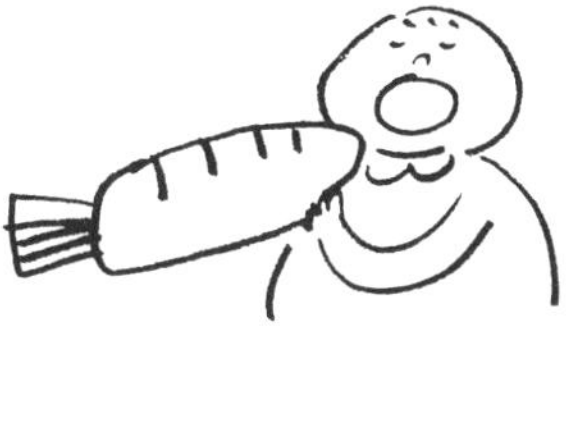

私の「和の薬膳教室」では、野菜は基本的に皮をむかずにそのままいただきます。じゃがいも、にんじん、大根、かぶ、しょうが……。すべて皮ごとです。最初は戸惑う方もいらっしゃいますが、すぐに慣れて、「皮をむく手間がなくなって調理がラクになった」とおっしゃいます。

なんと言っても、野菜の皮には多くの栄養素や薬効が含まれます。

たとえば、大根は実よりも皮にビタミンCが多く含まれます。毛細血管を丈夫にするヘスペリジン（ビタミンP）も皮に含まれています。ごぼうやにんじん、しょうがは皮に風味があり、むかないほうが香りを楽しめます。なすの皮には抗酸化作用のあるナスニンという成分が豊富です。さつまいもは腸内で分解されるときにガスが発生し、お腹が張ったりおならが出やすかったりするのですが、さつまいもの皮のすぐ内側にあるヤラーピンという消化酵素が、ガスの発生を防いでくれます。

薬膳には「一物全体」をとるという考え方があります。皮も実も葉も根っこもすべてをいただくことで、そのものの命をいただくことになる、ということです。陰陽の視点で見ると、外側の太陽の日差しを浴びている皮の部分が「陽性」の力を持ち、皮に包まれた内側が「陰性」の力を持ちます。まるごと全体をとることで、陰陽のバランスもとれるのです。

レシピ

一物全体を食べるごはん

【かぶのまるごと粥】

かぶは皮ごと小さく刻み、米と一緒に2〜3倍ぐらいの水で柔らかく煮る。かぶの葉はゆがいてみじん切りにし、塩をふって水気を絞り、炊きあがった粥に混ぜる。

一物全体の考え方の対極にあるのが、サプリメントです。これらは、β-カロテンならβ-カロテンだけを、葉酸なら葉酸だけを抽出して、不足している体に補おうというものですが、一つの成分だけを取り出して補ってみても、かえってバランスを崩すことになりかねません。一部分だけをとるよりも、「全体」としてあるときにこそ調和がとれ、「全体」としてまとまっているときにこそ特別な働きをするからです。

まるごとすべてをいただくこと。これは、離乳食や子どものごはんでも同じです。離乳食のごく初期をのぞいて、野菜は皮ごと小さく切って蒸したりゆでたり、ごはんに混ぜたりして食べさせてください。葉つきの根菜が手に入るときは、葉も無駄にしないように細かく刻んでスープやおかゆに入れたりして利用しましょう。魚も小さなものはまるごといただきます。皮ごと、まるごとのほうが調理の手間も省けますし、同じ量を食べても、栄養価も薬効も数倍高くなりますよ。

赤ちゃんだって塩が必要

日本人は体の中に余分な水分が滞っている人が多くいます。お米に水を加えて炊いたごはんと汁物、水分の多い野菜と、食事そのものにも水分が多いのに、ふだんから水分をとりすぎる傾向があります。

とくに子どもは体温が高いせいか、しょっちゅう水を欲しがります。

食事中にも飲み込むのを助けるために、水を飲みながら食べている子

が多くいますが、唾液の分泌が弱まったり、胃液が薄まって消化酵素が十分に働かなくなります。水のとりすぎで胃腸に余分な水分がたまると、働きが悪くなって消化不良を起こしたり、食欲がなくなったりします。

欧米のような乾燥した地域なら、余分な水分は皮膚から汗としてどんどん出すことができます。でも、日本のような高温多湿の環境では、皮膚からの排出は難しいものです。日本人が余分な水分を出すには、腎臓にいっぱい働いてもらって、おしっこで出すしかないのですから、水ばかり飲んでいると、おしっこの回数が増えて、腎臓や膀胱に負担をかけることになります。**日本人には腎臓病の患者が多く、また腎臓病治療も世界一進んでいると言われますが、これも余分な水分を排出するために腎臓に負担がかかりやすいからです。**

腎臓の働きを助けて、おしっこで余分な水分を出すには、塩が必須です。減塩、減塩と言われますが、塩が減れば腎臓での濾過機能が働かず、おしっこが作れなくなります。もちろんとりすぎはよくありませんが、減らせばよいというものではありません。腎臓の働きを補うには、よい塩を適量とることが大切なのです。

なお、塩というのは、にがりを含んだ自然海塩のことです。99%が塩化ナトリウムでできた精製された化学塩は、血圧を上げるだけですからとらないようにしましょう。ナトリウムは「縮める」働きがあり、マグネシウムは「伸ばす」働きがあるため、ほぼ塩化ナトリウムの化学塩は、血管を縮めて血圧を上げてしまうのです。**一方、にがりを含んだ自然塩は、含まれているマグネシウムの働きで血管を広げるため、血圧を上げたり、心臓の負担になったりすることはありません。**

離乳食の初期から、味付けをする必要はないけれど、始めて1～2ヵ月もしたら少しずつ塩も取り入れていきましょう。野菜のうま味や甘味を引き出す程度のごく少々の塩で結構です。

レシピ

塩のみで味付けおかず

【鶏ささみの塩だけスープ】

鶏ささみは細切りにし、長ねぎは斜め薄切りにする。鍋にごま油を入れ、ささみと長ねぎをじっくり炒め、水と塩、わかめを加えて煮る。

※大人向けには仕上げに三つ葉を散らしたり、ラー油をたらしても。

コラム③

食べものでお手当て

薬のなかった時代は、**身近な食べもので手当て**をしてきました。これが薬膳や漢方の原点です。**すべての食べものには働きがあり、体に取り入れたときに特有の薬効を発揮してくれる**のです。なかでも赤ちゃんや子どもに多い症状とお手当て法をご紹介します。

[風邪・発熱]

熱は無理に下げようとしないで、出し切ることが大切。**ニラやねぎ、しょうがなどの発散作用のある食材で熱を出しきって**あげましょう。お粥にたっぷりのにらを混ぜたり、小口切りのねぎに味噌を加え、熱湯を注いだねぎ味噌湯にすれば、子どもでも食べやすくなります。

[咳・のどの痛み]

れんこん（とくに節の部分が有効）を大さじ１杯ほどすりおろし、熱湯を注いで飲みます。れんこんは粘膜を丈夫にして炎症を抑える働きがあります。びわの葉茶やきんかん煮も効果的。

[下痢・便秘・嘔吐]

りんごは腸内の悪玉菌の増殖を抑えて、整腸作用にすぐれるため、**皮ごとすりおろしたジュースは下痢にも便秘にも有効**。解毒作用が高く、弱った胃腸を元気にしてくれる黒豆汁もおすすめ。黒豆の５～６倍の水を加え、⅔量になるまで煮詰めた上澄みを飲みます。

おわりに

赤ちゃんは生まれたときからちゃんと個性を持っていて一人一人違うように、離乳食の食べ方も一人一人違います。本書のようには食べない子、進まない子もいると思います。実際に、離乳食教室では柔らかいごはんを食べたのに、自宅では何度ものどにつかえそうになるという子がいました。その子は生まれた直後からミルクだったのですが、哺乳瓶では吸う力がなかなかつかず、あごの発達が遅いために、嚥下《えんげ》作用がまだうまくいかないのだと思います。でも、それがその子の個性。思う通りにいかなくても焦る必要はありません。その子のお母さんも、噛む力をつける工夫をしながら、焦らずゆっくり離乳食を進めています。我が子にしっかりと向き合って、その子の個性を見つめ、その子に合った育て方をしていく。離乳食だけでなく、すべての子育てに大切なことですよね。
　最後に、本書を発行する機会を与えてくださった主婦と生活社の福田晋さん、編集の時政美由紀さん、素敵なデザインに仕上げてくださった蔦村美里さん、趣ある写真を撮ってくださった馬場わかなさん、なごむイラストを描いてくださった林舞さん、そして、いつもユニークな視点でアドバイスをくれ、忙しいときは私に代わって大ちゃんを見ていてくれた主人に、心から感謝したいと思います。

2015年9月　　山田 奈美

山田 奈美（やまだ なみ）

1969年静岡生まれ。東京薬膳研究所代表の武鈴子氏に師事。薬膳理論や食養法について学ぶ。国際中医薬膳師。「食べごと研究所」主宰。北京中医薬大学日本校卒。雑誌やテレビなどで発酵食や薬膳のレシピ制作や解説などを行うと同時に、神奈川県葉山の「古家1681（いろあい）」にて「発酵教室」や「和の薬膳教室」など、昔ながらの日本食を守る活動に取り組む。「離乳食と子どものごはん教室」も評判を呼ぶ。手すき紙作家の夫と3歳になる息子の大地くん、柴犬のナナと暮らす。雑誌『月刊クーヨン』に連載中。著書に『体を温め、めぐりをよくする妊娠中のごはん』（家の光協会）、共著に『漬けるだけ発酵食レシピ』（アスペクト）などがある。　http://www.tabegoto.com/

○参考文献

『「赤ちゃん」の進化学』西原克成（日本教文社）／『安保徹の食べる免疫力』安保徹（世界文化社）／『家庭でできる自然療法』東城百合子（あなたと健康社）／『自然流育児のすすめ』真弓定夫（地湧社）／『和の薬膳便利帳』武鈴子（家の光協会）／『こどものアレルギー アトピー性皮膚炎・食物アレルギー・ぜんそく』五十嵐隆監修（メディカルトリビューン）

つよい体をつくる離乳食と子どもごはん

著者　山田奈美
編集人　寺田文一
発行人　倉次辰男
発行所　株式会社主婦と生活社
〒104-8357
東京都中央区京橋3-5-7
編集部 tel.03-3563-5130
販売部 tel.03-3563-5121
生産部 tel.03-3563-5125
http://www.shufu.co.jp/
印刷所　大日本印刷株式会社
製本所　小泉製本株式会社

装丁・デザイン：
嶌村美里（studio-nines）
撮影：
馬場わかな
イラスト・タイトル文字：
林 舞
編集協力：
時政美由紀（マッチボックス）
校閲：
吉川百合江
編集担当：
福田 晋
Special thanks：
春日泰宣、春日大地

ISBN978-4-391-14725-4